¡Así!

**MICHAEL CALVERT AND
HELENA GONZÁLEZ-FLORIDO**

2

Published in 2005 by:
Nelson Thornes Ltd
Delta Place
27 Bath Road
CHELTENHAM
GL53 7TH
United Kingdom

05 06 07 08 09 / 10 9 8 7 6 5 4 3 2 1

A catalogue record for this book is available from the British Library

ISBN 0 7487 9172 8

Illustrations by Mark Draisey, Mel Sharp, Yane Christensen, Richard Morris,
Rupert Besley, Nigel Kitching, Mike Bastin, Jean de Lemos and Linda Jeffrey.

Page make-up by IFA Design Ltd., Plympton, Plymouth: www.ifadesign.co.uk

Printed in Croatia by Zrinski

Welcome to ¡Así! 2

- Most pages have the following features to help you:

Gramática:
Examples of how you put Spanish words together to make sentences.

Pronunciación
Practice of Spanish sounds to improve your pronunciation and spelling.

A list of the key words and phrases you'll need to do the activities.

¡Así se hace!
Tips to help you learn better and remember more.

Activities in which you'll listen to Spanish.

Activities in which you'll practise speaking Spanish.

Activities in which you'll practise reading and writing in Spanish.

¡extra! Activities that provide an extra challenge – have a go!

Activities which give you the chance to recycle language from *¡Así! 1*.

- The *Resumen* at the end of each unit lists the key words of the unit in Spanish and English. Use it to look up any words you don't know!

¡Buena suerte!

Índice de materias   *Contents*

1 De vacaciones

1A Tú, ¿qué haces?

- describe your holiday routine
- say what you like to do and where you like to go
- revise stem-changing verbs and *hacer*

1 💿 **Mira y escucha. Une las descripciones con las fotos.**

Ejemplo: **1 D**

> Tú, ¿qué haces de vacaciones?

1

> En invierno hago esquí en las montañas. Mi hermano hace alpinismo pero creo que es demasiado peligroso.

> ¿Qué hacéis?

> Vamos a la costa. Practicamos el esquí náutico y un poco de windsurf.

3

> Tú, ¿qué haces?

4

> Voy a casa de mis primos en primavera. Ellos practican la equitación y yo la practico con ellos. Hay un río cerca y hacemos piragüismo.

2 Vosotros, ¿qué hacéis?

> En verano, hacemos muchas cosas en la playa con los amigos: nos gusta nadar y jugar en el agua.

> Vosotros, ¿qué hacéis?

5

> Vamos al campo con los padres. Normalmente vamos en otoño cuando hace menos calor. Hacemos caminatas muy largas. Vamos a la piscina a nadar y salimos mucho.

Gramática: *hacer*

Pick out all the forms of the verb *hacer* (to do, to make) in the speech bubbles above.

hacer

hago	I do/make
haces	you (sing.) do/make
hace	he/she does/makes, you (*usted*) do/make
hacemos	we do/make
hacéis	you (pl.) do/make
hacen	they, you (*ustedes*) do/make

Hacer is a key verb. There are a lot of expressions that use it: *hacer esquí, hacer alpinismo* and expressions of weather such as *hace frío*. However, notice too the use of *practicar* with activities.

2 a Complete these sentences with the appropriate form of the verb hacer.

1 ¿Qué _____ en la playa, Felipe?
2 ¿Tus hermanos _____ deporte?
3 ¿_____ sol en las montañas hoy?
4 Chicas, ¿vais a _____ piragüismo?
5 ¿Qué _____? ¿Vamos al río o vamos a la playa?
6 ¿Qué _____ Ana esta tarde?

2 b Write the questions for these answers.

1 Hago piragüismo.
2 Hacemos caminatas, mi hermano y yo.
3 Mi hermano hace muchas cosas en la playa.
4 Yo hago windsurf en verano.
5 Mis padres hacen alpinismo.
6 Mis amigos y yo hacemos esquí.

3 a 📖 **Lee la agenda de María cuando está en el instituto y cuando está de vacaciones. Apunta las diferencias en inglés.**

Ejemplo: school day wakes up at 7; holiday wakes up at 11.

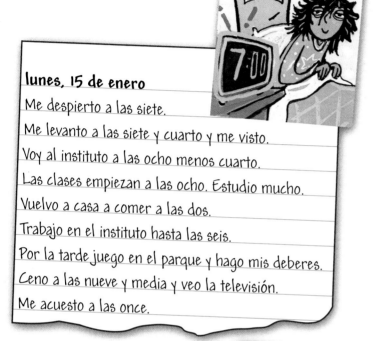

lunes, 15 de enero

Me despierto a las siete.

Me levanto a las siete y cuarto y me visto.

Voy al instituto a las ocho menos cuarto.

Las clases empiezan a las ocho. Estudio mucho.

Vuelvo a casa a comer a las dos.

Trabajo en el instituto hasta las seis.

Por la tarde juego en el parque y hago mis deberes.

Ceno a las nueve y media y veo la televisión.

Me acuesto a las once.

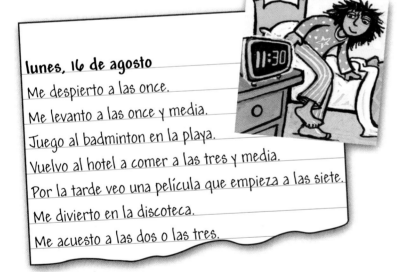

lunes, 16 de agosto

Me despierto a las once.

Me levanto a las once y media.

Juego al badminton en la playa.

Vuelvo al hotel a comer a las tres y media.

Por la tarde veo una película que empieza a las siete.

Me divierto en la discoteca.

Me acuesto a las dos o las tres.

3 b 💿 **Escucha la entrevista con Felipe y apunta los detalles.**

Ejemplo: Wakes up: 7:00am

3 c 💿 **¡Así se hace!** *Thinking time*

Listen to the recording again. Notice that Felipe doesn't answer straight away to all the questions but gives himself time to think. What words or expressions can you pick out that give him that 'thinking time'?

♻️ **Gramática: stem-changing verbs**

In Spanish, some verbs change their stem (the infinitive without -*ar*, -*er* and -*ir*) in certain persons of the verb. Pick out examples in **3a**.

	o > ue	*e > ie*	*e > i*
infinitive	***volver***	***comenzar***	***servir***
yo	*vuelvo*	*comienzo*	*sirvo*
tú	*vuelves*	*comienzas*	*sirves*
él, ella, usted	*vuelve*	*comienza*	*sirve*
nosotros	*volvemos*	*comenzamos*	*servimos*
vosotros	*volvéis*	*comenzáis*	*servís*
ellos, ellas, ustedes	*vuelven*	*comienzan*	*sirven*

Make a list of the verbs above (and those you have met elsewhere) that are stem-changing.

4 *Complete the sentences with the correct form of the verb.*

1 Me _____ a las siete. (despertarse)

2 Mis amigos _____ muy tarde. (volver)

3 El camarero _____ a los clientes. (servir)

4 María _____ ir a la playa. (querer)

5 Yo no _____. (entender)

6 Me gusta cuando _____ porque se puede esquiar. (nevar)

7 El profesor _____ la pregunta. (repetir)

8 Si _____, no vamos a salir hoy. (llover)

9 Antonio, ¿_____ la montaña o el campo? (preferir)

10 Mi hermana y yo _____ a la una. (volver)

5 ✏️ **Describe un día típico de vacaciones. Usa las cartas en 3a como modelo.**

Ejemplo: **Me despierto a las ocho pero me levanto a las nueve. Juego...**

1B ¿Dónde vamos a alojarnos?

- talk about where to stay and give opinions
- learn the rules for stress and accentuation in Spanish
- give a presentation

Si vas a América del Sur de vacaciones hay muchas posibilidades: hay hoteles, apartamentos, campings, cabañas y estancias.

A

B

C

D **E** **F**

1 a 🔊 Escucha a las personas (1–6). Empareja las personas con los dibujos.

Ejemplo: **1 D, E**

1 b 🔊 Escucha otra vez. ¿Verdad (V) o mentira (M)?

1 La persona 1 va a alojarse en un hotel o un apartamento en la ciudad.

2 La persona 2 va a ir a la selva.

3 La persona 3 va a alojarse en una tienda en un camping.

4 La persona 4 va a hacer caminatas y alojarse en una estancia.

5 La persona 5 va a alojarse en un hotel porque prefiere dormir en una cama.

6 La persona 6 va a alojarse en las montañas.

♻ Gramática: the immediate future

voy a ir	I am going to go
vas a ir	you (sing.) are going to go
va a ir	he/she/you (*usted*) is/are going to go
vamos a ir	we are going to go
vais a ir	you (pl.) are going to go
van a ir	they/you (*ustedes*) are going to go

2 a 📖 Lee los textos y rellena el cuadro.

nombre	destino	mes	duración	actividades
Miguel		julio		
Nuria			quince días	
Pepe				ir de compras,...

Miguel

Este año vamos a hacer camping en julio. Vamos a pasar tres semanas en el Camping Bellavista. Hace bastante calor en Santander en julio y se puede hacer caminatas y excursiones. ¡Estupendo! Tú, ¿adónde vas?

Nuria

Este año no vamos a los Estados Unidos como normalmente. Vamos a Cuba. Voy a pasar quince días allí con la familia en junio. Voy a hacer deportes acuáticos todos los días. Se puede hacer windsurf y esquí acuático. ¡Va a ser maravilloso!

Pepe

Te voy a decir adónde vamos en mayo. Vamos a pasar dos semanas en los Estados Unidos con el instituto. Vamos a Nueva York. Voy a ir de compras y visitar los monumentos famosos. ¡Qué bien! Tú, ¿qué vas a hacer?

3 a ¡Así se hace! *Extended speaking and writing*

Your aim is to say a few sentences about your holiday this year.

Step 1 Decide what you are going to say beforehand if you have the chance and include as much as you possibly can. Don't forget to give your opinion. Look at the following and see how it is built up:

Sentence 1: says where, when and for how long
Sentence 2: reason for going
Sentence 3: facts about where you are going
Sentence 4: what you do
Sentence 5: what you think about it
Sentence 6: asks what the other person is going to do

● Look again at **2a** and say what each sentence is doing in each of the three texts.

Step 2 Write your sentences in full. Read them: can you add any more information?

Step 3 Read your presentation aloud, to practise your pronunciation.
Try:
– reading it to your partner;
– recording yourself, then listening to see how you could sound more Spanish.

Vamos a pasar un mes en Caracas en julio. Mis primos viven allí. Caracas es la capital de Venezuela y está en la costa norte de América del Sur. Normalmente hacemos muchas cosas en la ciudad, visitando museos y el parque de atracciones. ¡Fabuloso! Tú, ¿qué vas a hacer?

Step 4 Practise giving your presentation from memory. Write down a few key words: you might find it helpful to look at them when you give your presentation, just to jog your memory.

You're ready! Say the sentences you have prepared.

Tip: don't speak too quickly!

3 b ☁ Prepara una presentación de tus vacaciones (5–6 frases).

3 c ✏ ¡extra! Escribe una carta y describe adónde vas a ir, cuándo, durante cuánto tiempo y qué vas a hacer.

 Bajo la lupa **Stress and accentuation (1)**

There are relatively simple rules about where the stress falls on a Spanish word. Remember this simple rhyme:

> **1 Vowel, *n* or *s* penultimate stress.**
> **2 All other words last vowel stress.**

Ejemplos:
1 *hablo, hablas, hablan* – stress on penultimate (next to last) syllable
Barcel**o**na – ends in a vowel
2 *hablar, hablad* – stress on last syllable
Madr**i**d – ends in a consonant (other than *n* or *s*)

Easy! But some words are stressed differently, such as *kilómetros, estación, televisión, teléfono, está* and *¡Así!* The accents tell us where to put the stress.

4 a ✏ *Write out the following words underlining where the stress goes and saying why.*

cabaña   semanas   hacen   deportes maravilloso   excursiones   junio

4 b ☁ *Put an accent on the following words and practise pronouncing them with the stress in the correct place.*

asi	el autobus	el miercoles
el lapiz	Maria	el futbol
el dialogo	Mejico	tambien
la excursion	el interes	simpatico

4 c ✏ ¡extra! *Make a list of 30 more words that have accents.*

1C ¿Adónde vamos a ir y cuándo?

- find out about a holiday resort and suitable accommodation

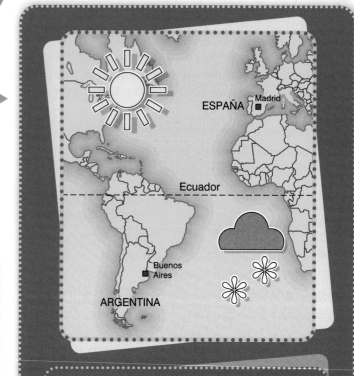

1 📖 **Lee las descripciones y apunta las diferencias entre España y Argentina en inglés.**

Ejemplo: **Spain – summer in June...,**
Argentina – summer in December.

2 a 💿 **Escucha los diálogos y rellena el cuadro. ¿Adónde van a ir y cuándo?**

nombre	destino	estación	mes
Bea	Andorra	invierno	febrero
Antonio			
Elena			
Alberto			
Teo			

2 b 💬 **Haz diálogos con tu pareja usando los dibujos.**

Ejemplo: **1**

A ¿Cuándo vas de vacaciones este año?

B Voy en verano.

A ¿En qué mes?

B En agosto.

A ¿Adónde vas a ir?

B Voy a ir a Mallorca.

A ¿Qué vas a hacer?

B Voy a ir a la playa.

1

Si vas a España y buscas mucho sol, vas a ir en verano, es decir junio, julio y agosto. Muchos españoles van a la costa a pasar un mes.

Si vas a Argentina, su verano es en diciembre y enero. Muchos argentinos van a pasar un mes en la costa en enero. Es muy tradicional tener una casa en la costa.

En España, el año escolar comienza en septiembre. En Argentina, empieza en marzo. Los españoles hacen esquí en enero y febrero en las montañas.

Los argentinos van a esquiar en invierno, es decir julio y agosto. Buenos Aires está en la misma latitud sur que Sydney.

2

3

4

5

2 c ✏️ **Escribe unas frases sobre tus planes ideales.**

Ejemplo: **En verano voy a ir a Cuba con mis amigos.**
En invierno vamos a ir a las montañas en Suiza.
En primavera vamos a ir a París.

3 a 📖 Lee la información sobre Argentina. Une las vacaciones con las personas.

1 Buenos Aires

Ven a visitar Buenos Aires, capital de la República Argentina. Ciudad densamente poblada de 3 millones de habitantes. Es una ciudad internacional de música y arquitectura. Hay hoteles de todo tipo, de una a cinco estrellas.

2 Los horneros

Situado en la costa, el camping 'Los horneros' ofrece camping y bungalows. Hay 360 parcelas para camping con sitio para trailer o motor home. Las parcelas tienen agua corriente, una parrilla y sombra. Los 34 bungalows tienen baño privado, agua caliente, mesa y sillas. Son de dos o tres camas. En verano, es decir enero y febrero, hay muchos turistas y, ¡claro!, hay un poco de ruido...

3 Turismo rural

Si prefieres el turismo rural y algo un poco tranquilo hay la pampa. Te puedes alojar en estancias donde hay sitio para grupos de 6 a 20 personas. Las actividades incluyen andar en bicicleta, montar a caballo, hacer caminatas y observar pájaros. En la capital, Santa Rosa, se puede practicar el golf, visitar museos, ir al casino o de compras.

4 Turismo aventuras

Si te apetece un safari fotográfico, trekking o cabalgatas en el Parque Nacional, ven a Puerto Iguazú. Hay posibilidades de navegar por el Río Iguazú, conocer los rápidos, hacer piragüismo, dar paseos por el monte y la selva y hacer excursiones en 4x4. Alojamiento en estancias con capacidad para 16 personas. Todas las comidas (desayuno, comida, merienda y cena) incluidas.

3 b ✏️ Escribe unas descripciones para un folleto publicitario sobre un sitio como Palma de Mallorca o un sitio imaginario. Usa las frases de arriba como modelo.

Ejemplo: Ven a visitar Palma. Situada en la costa hay hoteles de todo tipo. Hay excursiones…

A Me gustaría visitar una ciudad grande. A mi mujer no le gustan la selva y los animales salvajes. Vamos a pasar quince días en la capital.

B Mi novia y yo no tenemos mucho dinero. Vamos a ir a un sitio cerca de la costa y hacer camping.

C Buscamos un sitio tranquilo donde podamos relajarnos. A los niños les gusta ir en bicicleta y hacer trekking.

D Mis padres van a hacer una caza fotográfica en el Parque Nacional. Mi padre va a sacar fotos y a mi madre le gusta pintar.

Marisol, ¿vas a ir sola a observar los pájaros?

E **F** ¿Vais a alojaros en una tienda o en un bungalow?

la pampa – *extensive prairies for cattle*
los pájaros – *birds*
las estancias – *estates/farms, 'guest ranches'*
el río – *river*
la selva – *forest*
la parrilla – *barbecue*
la parcela – *plot (of land on campsite)*
la sombra – *shade*
ven a visitar – *come and visit*

1D ¿Qué alojamiento prefieres?

- express a preference in terms of accommodation
- learn ways of avoiding using the dictionary

1 📖 **Lee los anuncios para un hotel, un apartamento y un camping. ¿Cuál prefieres y por qué?**

Camping Sol

Situado al lado de la playa, el Camping Sol es ideal para los que quieren estar cerca de la naturaleza. Hay sitio para 180 personas. El camping tiene un supermercado, una lavandería, un restaurante-cafetería, una piscina y un parque infantil.

Hotel Miramar ★★★★

Situado a un kilómetro de la playa y a dos kilómetros del centro comercial. Cuenta con 250 habitaciones con baño completo. Todas las habitaciones tienen TV con satélite, teléfono y terraza. El hotel tiene dos piscinas, exterior e interior, bar y dos restaurantes. Hay gimnasio y sala de juegos para los niños. Hay animación nocturna para los adultos y los niños.

Apartamentos San Roque

A 100 metros de la playa y a mil metros del centro comercial, Apartamentos San Roque están bien situados para los señores clientes. Las cien habitaciones tienen vistas al mar y terraza. Todas tienen baño completo, kitchenette, lavadora, frigo, teléfono y televisión. Los apartamentos tienen uso de la piscina climatizada y gimnasio. Hay también un parque infantil.

¡Así se hace! Avoiding the dictionary

- Dictionaries are extremely useful, but before you look up a word, ask yourself:

   1 Do I need to know the meaning of the word to understand the sense?

   2 Can I work out the meaning of the word from picture clues, similarities with English, patterns in Spanish, etc.?

- Look at the adverts above and make a list of the words that you have not met but can work out the meaning of. Can you say how you worked out the meaning? For example, **animación nocturna** *para los adultos y los niños*. It is for children (so the context gives you a clue), it takes place at night (nocturnal) and *animación* is like animation/animated. So it means evening entertainment.

- Work out the meaning of the following: *piscina climatizada, sala de juegos, cuenta con…, parque infantil, tienen uso de…, exterior*.

2 📖 **Mira los argumentos a favor de los hoteles, los apartamentos y los campings. ¿Cuáles describen?**

1 Son muy baratos pero ruidosos. (apartamentos/campings)

2 Son más baratos que los hoteles pero tienen buenas facilidades. (campings/apartamentos)

3 Si llueve es muy difícil con los niños. (hoteles/campings)

4 Se puede lavar la ropa fácilmente y eso es importante con niños. (apartamentos/hoteles)

3 🎧 **Escucha a los turistas (1–4). ¿Cuál van a escoger?**

4 🗣 **¡extra!** **Mira los textos de 1 otra vez y haz diálogos con tu pareja. ¿Adónde vais a ir?**

Ejemplo:

A ¿Cuál prefieres?

B Prefiero el hotel.

A ¿Por qué?

B Porque es más cómodo. ¿Cuál prefieres tú?

A Prefiero los apartamentos.

B ¿Por qué?

A Son más baratos que el hotel.

Las actividades	Activities
hacer trekking	to go trekking
hacer excursiones	to go on trips
hacer piragüismo	to go canoeing
hacer caminatas	to go on walks/hiking
hacer alpinismo	to go climbing
hacer windsurf	to go windsurfing
hacer camping	to go camping
hacer trekking	to go trekking
hacer ejercicio	to do exercise
hacer esquí/esquiar	to go skiing
practicar la equitación/ montar a caballo	to go horse riding
practicar el esquí acuático/ náutico	to go water-skiing
practicar el golf	to play golf
practicar la natación	to go swimming
sacar fotos	to take photos
pintar	to paint
relajar	to relax
¿Cuál prefieres?	Which do you prefer?
a favor	for (in favour of)

Un día típico	A typical day
Me despierto a…	I wake up at…
Me levanto a…	I get up at…
Voy al instituto	I go to school
Vuelvo a casa	I return home
Ceno a…	I have dinner at…
Me acuesto a…	I go to bed at…

Ir de vacaciones	Going on holiday
¿Adónde vas a ir?	Where are you going to go?
Voy a ir a Mallorca	I'm going to go to Mallorca
¿Cuándo vas a ir?	When are you going to go?
En agosto	In August
¿Qué vas a hacer?	What are you going to do?
Voy a ir a la playa	I'm going to go to the beach
Vamos a pasar tiempo en la selva	We're going to spend time in the forest
Vamos a pasar dos semanas en…	We're going to spend two weeks in…

Alojamiento	Accommodation
¿Dónde vas a alojarte?	Where are you going to stay?
un hotel	hotel
un apartamento	apartment
un camping	campsite
una parcela	plot
un bungalow	bungalow
una estancia	country ranch
una cabaña	log cabin
una tienda	tent
una terraza	terrace
una sala de juegos	games room
una piscina exterior/ interior	outdoor/indoor swimming pool
la animación nocturna	evening entertainment
un parque infantil	children's play area
cómodo	comfortable
incómodo	uncomfortable
situado	situated

Gramática:
hacer
stem-changing verbs

Bajo La Lupa

Stress and accentuation

¡Así se hace!
★ Giving yourself 'thinking time' when speaking
★ Extended speaking
★ Avoiding the dictionary

Cross-topic words
¿Cuál? – Which?
por la tarde – in the afternoon
más que – more than

2 ¡Me duele la cabeza!

2A El cuerpo

- learn the vocabulary of some parts of the body
- use *doler* to say that something hurts

1 💿 **Mira la foto. Escucha y escribe la letra.**

Ejemplo: **1** D

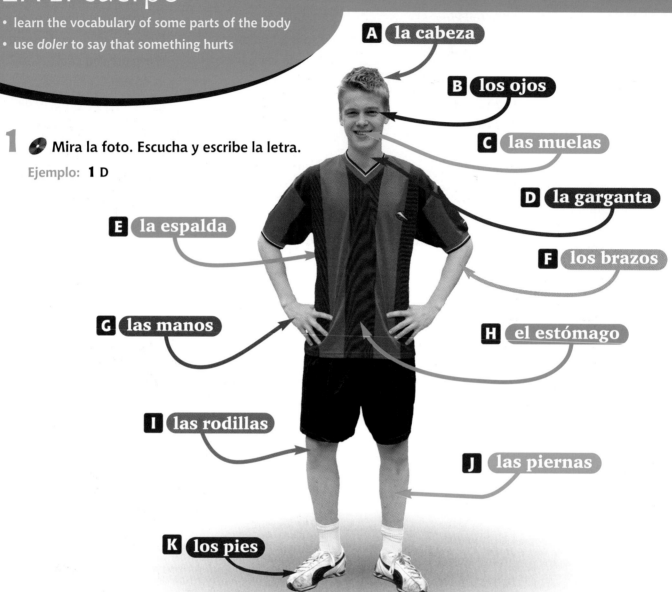

A la cabeza
B los ojos
C las muelas
D la garganta
E la espalda
F los brazos
G las manos
H el estómago
I las rodillas
J las piernas
K los pies

2 💬 **Trabaja con tu pareja. Toca una parte del cuerpo y tu pareja dice la palabra.**

Ejemplo:

A **B** ¡La cabeza!

3 💬 **Juego de memoria. Juega con tu pareja.**

A La cabeza.
B La cabeza y la espalda.
A La cabeza, la espalda y...

4 a 📖 **Lee el artículo. ¿Verdad (V) o mentira (M)?**

¡Invasión de los Extraterrestres!

Noticias de última hora. En la ciudad de Madrid, en el centro de España, se ha visto un extraterrestre. El marciano tiene seis piernas largas y tres brazos muy cortos. Tiene cuatro ojos marrones y dos verdes, alrededor de una cabeza grande con mucho pelo rojo. También tiene dos manos muy pequeñas al final de cada brazo. En el centro de la cabeza tiene una nariz enorme. La policía se encuentra en estado de alerta. Si tiene alguna información, llame al 091.

1 El extraterrestre está en Madrid.
2 Madrid está en el sur de España.
3 El marciano tiene cinco piernas largas.
4 El marciano tiene tres brazos muy cortos.
5 El marciano tiene cuatro ojos marrones y dos azules.
6 La cabeza es grande.
7 El marciano tiene mucho pelo rubio.
8 El marciano tiene seis manos.

5 💿 **Escucha y pon en orden.**

a Me duele la garganta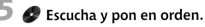

b Me duele la pierna

c Me duele la espalda

d Me duele la cabeza

e Me duelen las manos

f Me duelen los pies

g Me duele el estómago

h Me duelen las rodillas

4 b ✏️ ¡extra! **Corrige las frases falsas.**

4 c ✏️ **¡Diseña tu propio extraterrestre! Dibújalo y escribe una descripción. Usa 4a para ayudarte.**

Gramática: me duele(n) – my ... hurt(s)

Doler, like *gustar* changes whether it is followed by a singular or plural noun.
   Me duele la cabeza
   Me duelen los pies
Here are all the forms:
   me duele(n)   nos duele(n)
   te duele(n)   os duele(n)
   le duele(n)   les duele(n)

If the person appears in the sentence, the preposition *a* is needed.
   A Paula le duelen las piernas.
   A mis hermanos les duele el estómago.

● **Complete these sentences with duele or duelen.**

1 – ¿Te _____ la cabeza?
   – No, me _____ los ojos.

2 A mi madre siempre le _____ las manos.

3 Me _____ mucho la espalda.

2B Tengo un resfriado

- learn the vocabulary related to illnesses
- listen for gist
- say what you 'must' do

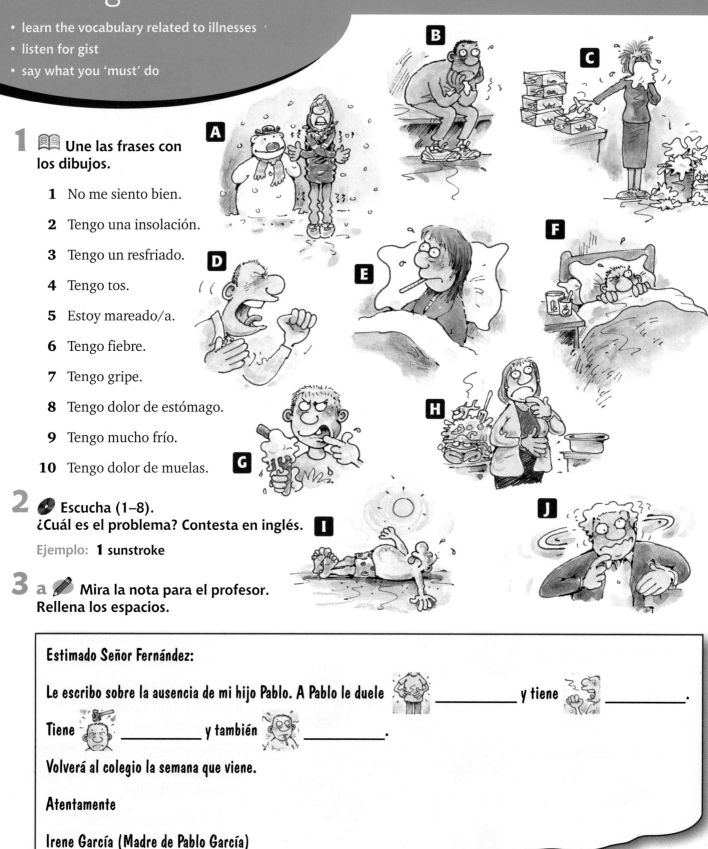

1 📖 **Une las frases con los dibujos.**

1 No me siento bien.

2 Tengo una insolación.

3 Tengo un resfriado.

4 Tengo tos.

5 Estoy mareado/a.

6 Tengo fiebre.

7 Tengo gripe.

8 Tengo dolor de estómago.

9 Tengo mucho frío.

10 Tengo dolor de muelas.

2 💿 **Escucha (1–8).**
¿Cuál es el problema? Contesta en inglés.

Ejemplo: **1** sunstroke

3 a ✏️ **Mira la nota para el profesor. Rellena los espacios.**

> Estimado Señor Fernández:
>
> Le escribo sobre la ausencia de mi hijo Pablo. A Pablo le duele ⬜ _____ y tiene ⬜ _____ .
>
> Tiene ⬜ _____ y también ⬜ _____ .
>
> Volverá al colegio la semana que viene.
>
> Atentamente
>
> Irene García (Madre de Pablo García)

3 b ✏️ **¡extra!** Imagina que no te sientes bien. Escribe una nota a tu profesor.
Estimado… Le escribo… A… le duele(n)…

4 a 📖 Mira las soluciones para los problemas.

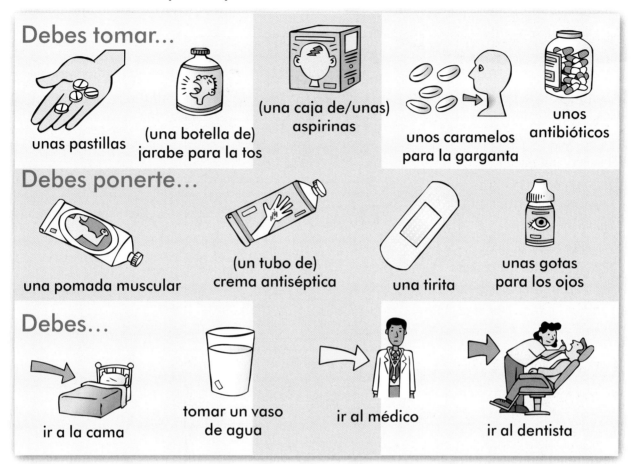

4 b ✏️ Escribe las soluciones más apropiadas a los problemas.

Gramática: debes + infinitive
debes + infinitive = you must (do)

Ejemplo: **1** Debes tomar unas aspirinas.

1 Me duele la cabeza.
2 Me duele la garganta.
3 Me duele la espalda.

4 Tengo un resfriado.
5 Tengo los ojos rojos.
6 Me duele el estómago.

7 Tengo tos.
8 Tengo una insolación.
9 Tengo gripe.

5 a 💬 Lee la conversación con tu pareja.

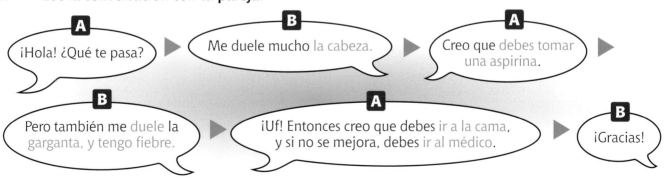

si no se mejora – *if it doesn't get any better*

5 b 💬 Escribe y practica otra conversación similar a **5a**. *Cambia* las palabras.

2C No me encuentro bien, doctor

- learn the vocabulary needed at the chemist's/doctor's
- develop role-play skills
- cope with longer reading texts

1 🔴 Lee y escucha las conversaciones. Busca las expresiones.

Ejemplo: Está muy inflamada.

1 It is very inflamed
2 This cream
3 Have you got anything for flu?
4 I have these antibiotics
5 We have these tablets
6 Take them after every meal
7 This syrup works very well
8 I have it in a small or large bottle

¡Así se hace! *Guessing vocabulary*

When reading, you can use your knowledge of the world to guess what different expressions might mean. For example, in **1** on this page, there are a lot of new words, but you should be able to apply your knowledge of going to the doctor's to guess the meaning of many of them.

1

FARMACÉUTICO: ¡Hola! ¿En qué puedo ayudarle?
CLIENTE: Bueno, me duele esta mano. Está muy inflamada. ¿Qué me recomienda?
FARMACÉUTICO: Esta crema es muy buena.
CLIENTE: Estupendo, ¿cuánto cuesta?
FARMACÉUTICO: Son 6€.

2

CLIENTE: ¡Hola, buenos días!
FARMACÉUTICO: Hola, ¿qué desea?
CLIENTE: ¿Tiene algo para la gripe?
FARMACÉUTICO: Sí, claro, tengo estos antibióticos.
Pero necesita ir al médico para una receta.
CLIENTE: Muchas gracias.

3

FARMACÉUTICO: Buenas tardes, ¿en qué puedo ayudarle?
CLIENTE: Me duele muchísimo el estómago. ¿Tiene algo?
FARMACÉUTICO: Sí, tenemos estas pastillas. Tómelas después de cada comida.
CLIENTE: ¿Comida? ¡Oh, no!

4

CLIENTE: ¡Hola! ¿Tiene algo para la tos?
FARMACÉUTICO: Este jarabe es muy eficaz. Lo tengo en botella pequeña y grande.
CLIENTE: La grande, por favor.
FARMACÉUTICO: Aquí tiene. Son 8€.

2 💬 Haz conversaciones con tu pareja. Usa el cuadro.

Farmacéutico	Cliente	Farmacéutico	Cliente
¿Puedo ayudarle?	Me duelen los ojos	Tengo estos antibióticos	De acuerdo, gracias
¿Qué desea?	Me duele la cabeza	Debe ponerse una venda	¿Cuánto cuesta?
	¿Tiene algo para el dolor de espalda?	Tome un jarabe	Muchas gracias, adiós
	Tengo gripe	Debe ponerse una crema	Deme un bote/una venda/la crema
	Me duele la garganta	Debe ir al médico	Me lo/la llevo
	Me duele la rodilla		

3 📖 Lee la conversación con el médico. Contesta a las preguntas en inglés.

1 What time is the appointment?
2 What is wrong with Silvia?
3 How long has she been feeling ill?

4 Does she have a temperature?
5 What is the doctor's diagnosis?
6 What is the prescription?

1
¿Cómo se llama?
Me llamo Silvia González.
¿A qué hora es su cita?
A las cuatro.
Siéntese, por favor.

2
¿Cuál es el problema?
Bueno, me duelen mucho la garganta y la cabeza, y tengo mucha tos.
¿Desde cuándo tiene tos?
Desde hace dos días.
¿Desde cuándo le duele la garganta?
No estoy segura... a ver... sí, creo que desde hace una semana.

3
¿Tengo fiebre?
Sí, tiene un poco de fiebre. Posiblemente es gripe.

4
Bien, aquí tiene una receta. Debe tomar antibióticos durante una semana.
¿Cuántas veces al día debo tomarlos?
Tres veces al dia, con las comidas.
Muchas gracias, doctor. Adiós.

Gramática: **how long**

● Look at the text in exercise **3** again. How do you say 'How long...?'? And 'for (x days)'?

¿desde cuándo?, desde hace

4 💿 Escucha (A–D). Elige el número correcto en el cuadro.

Ejemplo: **A** 1, 7...

	1	2	3	4
¿A qué hora es la cita?	(clock)	(clock)	(clock)	(clock)
	5	6	7	8
¿Cuál es el problema?	(image)	(image)	(image)	(image)
	9	10	11	12
¿Desde cuándo?	D L M M J V S 1 2 3 4 5 6 7 8 9 10 11 12	D L M M J V S 1 2 3 4 5 6 7 8 9 10 11 12	(clock)	D L M M J V S 1 2 3 4 5 6 7 8 9 10 11 12
	13	14	15	16
¿Qué debe hacer?	(image)	(image)	(image)	(image)

2D La vida sana

- talk about healthy lifestyles
- use the command form of regular verbs

¡Lleva una vida sana!

1 Come una dieta equilibrada.

2 Bebe dos litros de agua al día.

3 Come mucha fruta y verdura.

4 Practica ejercicio.

5 Pasa tiempo al aire libre.

6 Descansa lo suficiente.

7 No estés estresado/a.

8 No trabajes en exceso.

9 No fumes ni bebas demasiado alcohol.

10 No pases demasiado tiempo sentado delante del ordenador.

¡Disfruta la vida!

1 a 📖 Mira el folleto sobre la vida sana. ▶

1 b 💿 Escucha (1–5). ¿Llevan una vida sana (✔) o no (✘) ¿Qué actividades mencionan?

Ejemplo: **1 ✔**, actividades 2, 1, 3, 4

2 a 💬 Trabaja con tu pareja. Pregunta qué hace.

A	B
¿Comes una dieta equilibrada?	Sí/no, (no) como...
¿Bebes mucha agua?	Sí/no, (no) bebo...
¿Comes fruta y verdura?	Sí/no, (no) como...
¿Practicas ejercicio?	Sí/no, (no) practico...
¿Descansas mucho?	Sí/no, descanso...
¿Estás estresado/a?	Sí/no, estoy...
¿Trabajas demasiado?	Sí/no, trabajo...
¿Fumas o bebes?	Sí/no, fumo... Bebo...
¿Pasas mucho tiempo sentado delante del ordenador?	Sí/no, paso...

Gramática: the command form of regular verbs

The command form for *tú* is created as follows: *-ar* and *-er* regular verbs simply drop the final *-r* of the infinitive; *-ir* regular verbs drop the *-r* and change the *i* into an *e*:

pasar – pas*a*   beber – beb*e*   vivir – viv*e*

For the negative command form, endings need to change:

-ar > *-es*   pasar > no pas*es*

-er > *-as*   beber > no beb*as*

-ir > *-as*   vivir > no viv*as*

- **Put the verbs in brackets into the correct command form.**
  1 No (pasar) demasiado tiempo en casa.
  2 (Vivir) en el campo en vez de la ciudad.
  3 (Disfrutar) la compañía de tus amigos.
  4 No (beber) demasiado alcohol.
  5 (Practicar) algo de ejercicio todos los días.
  6 ¡No (fumar)!

2 b ✏️ ¡extra! Escribe un párrafo sobre ti y otro sobre tu pareja.

Yo como... Bebo…

Mi pareja come... Bebe…

2 c ✏️ ¡extra! Escribe unos consejos para tu pareja.

Ejemplo: **Bebe más agua. Pasa más tiempo al aire libre...**

3 ✏️ ¡extra! Diseña tu propio póster sobre la vida sana.

¿Pasas tiempo al aire libre? Sí/no, paso...

Resumen

Las partes del cuerpo — *Parts of the body*

la garganta	*throat*
los brazos	*arms*
la cabeza	*head*
el estómago	*stomach*
la espalda	*back*
las manos	*hands*
la nariz	*nose*
los ojos	*eyes*
las muelas	*teeth*
las piernas	*legs*
los pies	*feet*
las rodillas	*knees*

Enfermedades — *Illnesses*

No me siento bien	*I don't feel well*
Tengo un resfriado	*I have a cold*
Tengo tos	*I have a cough*
Tengo fiebre	*I have a temperature*
Tengo gripe	*I have flu*
Tengo dolor de estómago	*I have stomach ache*
Tengo una insolación	*I have sunstroke*
Coger una insolación	*to catch/get sunstroke*
Estoy mareado/a	*I feel dizzy*

Remedios — *Remedies*

Debes tomar...	*You must take...*
(una caja de/unas) aspirinas	*(box of) aspirin*
(una botella de) jarabe para la tos	*(bottle of) cough medicine*
unas pastillas	*tablets*
unos antibióticos	*antibiotics*
Debes ponerte...	*You must put on...*
una tirita	*a plaster*
(un tubo de) crema antiséptica	*(tube of) antiseptic cream*

Debes...	*You must...*
ir a la cama	*go to bed*
ir al médico	*go to the doctor's*

En la farmacia — *At the chemist's*

¿En qué puedo ayudarle?	*How can I help you?*
¿Tiene algo para el dolor de espalda?	*Have you got anything for backache?*
¿Cuánto cuesta?	*How much is it?*

En el médico — *At the doctor's*

¿A qué hora tiene cita?	*What time is your appointment?*
¿Qué le pasa?	*What is wrong?*
¿Desde cuándo le duele?	*How long has it been hurting?*
desde hace dos días	*for two days*
Aquí tiene una receta de...	*Here you have a prescription for...*

La vida sana — *Healthy living*

Come una dieta equilibrada	*Eat a balanced diet*
Bebe al menos dos litros de agua al día	*Drink at least two litres of water a day*
Come mucha fruta y verdura	*Eat a lot of fruit and vegetables*
Practica ejercicio	*Do exercise*
Pasa tiempo al aire libre	*Spend times out of doors*
Descansa lo suficiente	*Rest enough*
No estés estresado	*Don't be stressed*
No trabajes en exceso	*Don't work excessively*
No fumes ni bebas demasiado alcohol	*Don't smoke or drink too much alcohol*
No pases demasiado tiempo sentado delante del ordenador	*Don't spend too long sitting down in front of the computer*

Gramática:

The verb *doler*

How long: *desde hace*

The command form of regular verbs

¡Así se hace!

★ Using your knowledge of the world to aid in reading comprehension

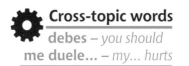
Cross-topic words

debes – *you should*

me duele... – *my... hurts*

Unidad 1 (¿Problemas? Mira la página 13.)

1 🔘 Escucha (1–4). ¿Adónde van a ir, cuándo y durante cuánto tiempo?

2 Rellena los espacios con la forma correcta del verbo. (Mira la Gramática en la página 15.)

> ¡Hola!
>
> Me preguntas cómo es mi rutina diaria cuando estoy de vacaciones. Normalmente me … (despertarse) a las diez. Si … (llover), voy al cine. Si hace buen tiempo … (jugar) en la playa. A veces me … (doler) la cabeza porque hace mucho sol. … (volver) al hotel a comer. Por la tarde voy al cine. La película … (empezar) a las siete. … (preferir) las películas de aventura. Me … (divertirse) mucho. No … (querer) volver a casa.

Unidad 2 (¿Problemas? Mira la página 21.)

3 💬 Haz preguntas a tu pareja.

Ejemplo:

A ¿Qué te pasa?

B Me duele la pierna.

4 📖 Une las actividades con el medicamento.

1. Tomo el sol en la playa. Paso todo el día bajo el sol. ¡Ay! Me duele la espalda. Tengo una insolación.
2. Hago caminatas por el campo. ¡Treinta kilómetros! Me duelen los pies.
3. Hago rafting y tengo mucho frío. Tengo tos.
4. De vacaciones como mucho. Me duele el estómago.
5. Juego al fútbol todo el tiempo. Me duele la cabeza.

a unas pastillas
b una crema
c un jarabe
d unas aspirinas
e una venda

Lee la carta y contesta a las preguntas.

1 Haz una lista de los meses.

2 ¿Cómo se dice... ?
 a from October to January
 b in February
 c from April to October
 d from July

3 Contesta a las preguntas.
 1 ¿Dónde vive Cristina?
 2 ¿Adónde va de vacaciones?
 3 ¿Cuándo va a ir?
 4 ¿Dónde se aloja normalmente?
 5 ¿Qué es Puerto Madryn?
 6 ¿Qué se puede hacer allí?
 7 ¿Cuántos pingüinos hay?

> el ecoturismo – *ecotourism (tourism designed to safeguard the environment)*
> la bahía – *bay*
> las ballenas – *whales*
> la pesca – *fishing*

¡Hola!

Te voy a contar algo de mis vacaciones. Vivo en Buenos Aires y normalmente voy a la Patagonia en el sur de Argentina. Vamos a ir en enero durante las vacaciones de verano. No hay clases en enero y febrero. Normalmente nos alojamos en hoteles pero donde no hay hoteles hacemos camping.

Vamos a Puerto Madryn, un sitio de ecoturismo donde hay una colonia de un millón y medio de pingüinos que viven allí de octubre a marzo. Es la capital subacuática de Argentina.
Se puede practicar la caza, la pesca, la fotografía y filmaciones submarinas. Hay ballenas de julio a diciembre en la bahía.

Mira unas fotos de mis vacaciones.

Un abrazo,
Cristina

ARGENTINA
Buenos Aires
PATAGONIA
Puerto Madryn

Los nombres de los meses

El origen de los meses es interesante.
Une los meses con su origen.

abril noviembre mayo septiembre agosto julio marzo diciembre enero junio febrero octubre

Es el décimo mes (en el antiguo calendario).
Es el mes de Jano, el dios guardián de las puertas de Roma. Así son las puertas del año.
Es el séptimo mes (en el antiguo calendario).
Este mes está dedicado al dios de la guerra, Marte.
Viene de la diosa Juno.
Es el octavo mes (en el antiguo calendario).
Viene del latín 'febra' y significa purificación.
Viene de 'aprire' (abrir) porque es el mes en que aparecen las flores.
Es el noveno mes (en el antiguo calendario).
Este mes está dedicado al emperador Julio César.
Este mes está dedicado al emperador Augusto.
Viene de la diosa Maia.

> aparecer – *to appear*
> el dios/la diosa – *god/goddess*
> la guerra – *war*

3 ¿Qué hiciste en tus vacaciones?

3A ¿Adónde fuiste?

- talk about what you did on a past holiday
- revise the preterite tense of regular verbs and learn some highly common irregular preterites

Hola, Vanesa. ¿Qué tal tus vacaciones?

¡Tuve unas vacaciones fantásticas! Fui a París una semana. ¿Y tú? ¿Qué tal?

¡Horrible! Fui a un pueblecito muy pequeño en las montañas. ¡Fue muy aburrido!

Y además me alojé en un camping. Fue un rollo.

Pues yo me alojé en un hotel de lujo, con una piscina enorme y con gimnasio. Fue estupendo.

¿Y qué hiciste en París, Vanesa?

¡Uf! Hice muchas cosas. Jugué al tenis y tomé el sol en el hotel, y también compré ropa muy bonita. ¡Me divertí mucho! ¿Y tú?

Bebí Coca-cola y di una vuelta por el pueblo. ¡Me aburrí!

1 a 🔴 **Lee y escucha la conversación entre Fede y Vanesa. Hablan de sus vacaciones.**

1 b 📖 **¿Quién dice las frases? Escribe Vanesa o Fede.**

1. Compré ropa.
2. Bebí Coca-cola.
3. Fui a un pueblo.
4. Jugué al tenis.
5. Fui a París una semana.
6. Me alojé en un camping.
7. Me alojé en un hotel.
8. Tomé el sol.

♻ Gramática: the preterite

The preterite is the tense used to express something that happened once in the past or when talking about a completed period of time in the past, e.g. a holiday.

The regular endings are:

-ar verbs	-er/-ir verbs
comprar	beber
compré	bebí
compraste	bebiste
compró	bebió
compramos	bebimos
comprasteis	bebisteis
compraron	bebieron

There are, however, many irregular verbs. How many can you find in **1a**?

Ir, 'to go' is irregular and shares its preterite form with the verb *ser*, 'to be':

fui	I was/went
fuiste	you (sing.) were/went
fue	he/she was/went, you (*usted*) were/went
fuimos	we were/went
fuisteis	you (pl.) were/went
fueron	they/you (*ustedes*) were/went

2 *Fill in the gaps with the appropriate verb from the box.*

1. – ¿Qué _____ en tus vacaciones?
   – _____ a Italia con mi familia.
2. Mi hermano y yo _____ una camiseta en las tiendas de turistas.
3. Mis padres _____ café todas las mañanas cuando _____ de vacaciones.
4. Durante mis vacaciones _____ un paseo por el pueblo todas las mañanas.
5. Mi amiga _____ paella y _____ sangría tres veces cuando _____ de vacaciones a España.

bebieron	fue	fui
bebió	fueron	comió
hiciste	di	compramos

3 a 🔘 Mira el cuadro. Escucha (A–D) y escribe los números correctos.

Ejemplo: **A** 3, 6...

¿Adónde fuiste?	**1** Fui a España.	**2** Fui a Perú.	**3** Fui a Bolivia.	**4** Fui a Cuba.
¿Dónde te alojaste?	**5** Me alojé en un hotel.	**6** Me alojé en un camping.	**7** Me alojé en una caravana.	**8** Me alojé en un apartamento.
¿Qué compraste?	**9** Compré una camiseta.	**10** Compré unos regalos.	**11** Compré una gorra.	**12** Compré una postal.
¿Qué comiste?	**13** Comí paella.	**14** Comí pescado.	**15** Comí fruta.	**16** Comí comida típica.
¿Qué hiciste?	**17** Jugué al tenis.	**18** Di un paseo.	**19** Nadé en el mar.	**20** Tomé el sol.
¿Cómo lo pasaste?	**21** Lo pasé genial.	**22** Lo pasé bastante bien.	**23** Lo pasé mal.	**24** Lo pasé fatal.

3 b 💬 Trabaja con tu pareja. Inventa conversaciones. Usa el cuadro de 3a.

4 ✏️ Escribe sobre tus últimas vacaciones. Contesta a las preguntas. Usa el cuadro de 3a.

1 ¿Adónde fuiste?   4 ¿Qué comiste?
2 ¿Dónde te alojaste?   5 ¿Qué hiciste?
3 ¿Qué compraste?   6 ¿Cómo lo pasaste?

5 a 📖 Lee la carta y contesta a las preguntas en inglés.

1 Where does Marta live?
2 Where do people in Argentina usually go on holiday?
3 Where did she stay and for how long?
4 What did she do?
5 What did she buy?
6 Who did she visit and spend time with?

5 b ✏️ ¡extra! Contesta a la carta de Marta.

¡Hola, Pilar!

¿Qué tal estás? Ya sabes que vivo en Buenos Aires, en Argentina, pero aquí casi todo el mundo va de vacaciones a la costa. Mis padres tienen una casita de verano en la playa y pasamos allí dos semanas.

Fui a la playa todos los días y tomé mucho el sol. Me encanta el mar y nadé todos los días. Mis hermanos y yo hicimos castillos de arena en la orilla y jugamos al voleiplaya también. Es muy divertido, y además muy rápido, porque se juega sólo con cuatro personas.

Compré unas gafas de sol y varias camisetas de muchos colores diferentes. La ropa allí es un poco cara, pero muy bonita. Visité a mis abuelos que viven cerca, y pasé mucho tiempo con mis amigas Ester y Alicia.

¿Y tú? ¿Qué hiciste en tus vacaciones? Escríbeme pronto, un beso

Marta

3B ¿Con quién fuiste?

- give more details about your holiday
- practise using interrogatives with prepositions
- practise the intonation of questions

1 a 📖 Lee el diario de vacaciones de John.

lunes	Llegamos al Arroyo de la Miel. Estoy con mis padres y mi hermana Karen. Parece un pueblo muy bonito. En la playa hay un puesto para alquilar hidropedales.	**sábado**	Fui de excursión a Málaga con mi familia, para visitar la catedral y la Alcazaba. Es una ciudad estupenda, con muy buen ambiente. Compré regalos para mis amigos y una pulsera para Isabel.
martes	Fui a la playa con mi hermana para tomar el sol. La playa es muy tranquila y está bastante limpia. Me divertí.	**domingo**	Estoy muy triste. Esta mañana fuimos al aeropuerto para volver a casa. Fui a la playa para despedirme de Isabel. Voy a escribirle un e-mail.
miércoles	Fui a Torremolinos en autobús para ir de compras. Compré unos CDs y una revista de música. Todo es más barato que en Inglaterra.		
jueves	Fui al parque temático Tívoli con mis amigos. Conocí a una chica española muy guapa que se llama Isabel. Me dio su número de teléfono.		
viernes	Llamé a Isabel. Salí con ella y fuimos a una cafetería y al cine. Lo pasamos fantástico.		

1 b 📖 ¿Verdad (V) o mentira (M)?

Ejemplo: **1 (M)**

1. John fue de vacaciones con su hermano.
2. El pueblo es muy bonito.
3. El martes fue a la playa para nadar en el mar.
4. Fue a Torremolinos para visitar el castillo.
5. Cree que las cosas son más caras en Inglaterra.
6. Tívoli es un pueblo cerca de Torremolinos.
7. John fue con Isabel al cine y a una cafetería.
8. Fue a Málaga con su familia.
9. John compró regalos para sus abuelos.
10. John volvió a casa en ferry.

1 c ✏️ Corrige las frases mentirosas.

Ejemplo: **1 (M)** John fue de vacaciones con su hermana y sus padres.

2 💿 Copia el cuadro. Escucha y rellena el sondeo de calle. ▶

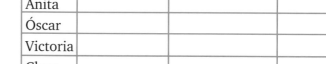

	¿Adónde fue?	¿Con quién fue?	¿Para qué fue?
Anita			
Óscar			
Victoria			
Clara			

Gramática: interrogatives with prepositions

● Look at the use of prepositions in John's diary in **1a** and in the questions in the interviews in **2**. What can you work out about the position of prepositions in Spanish?

In questions with prepositions, the preposition must appear before the interrogative pronoun in Spanish. In English, it usually appears at the end of the question.

● Compare the questions

| ¿**Con** quién fuiste? | Who did you go **with**? |
| ¿**Para** qué fuiste? | What did you go **for**? |

● Remember that when you ask 'where...to?' the preposition **a** is joined to the interrogative in Spanish:

¿**Adónde** fuiste?

● *Conocer* is followed by the preposition **a** when talking about a person.

| ¿**A** quién conociste? | Conocí **a** una chica. |
| Who(m) did you meet? | I met a girl. |

3 *Insert the prepositions in brackets in the appropriate place in the sentences.*

Example: **1 ¿Para qué fuiste a España?**

1 ¿Qué fuiste a España? (para)
2 ¿Quién jugaste al fútbol? (con)
3 Fui a Valencia mis padres. (con)
4 ¿Dónde fuiste el verano pasado? (a)
5 ¿Quién conoció Andrés en Honduras? (a)
6 Estuve en Ecuador aprender español. (para)
7 Hace tres años fui Londres mis amigos practicar mi inglés. (a, con, para)

4 a 🗨 **Trabaja con tu pareja. Haz preguntas y respuestas.**

Ejemplo:
¿Adónde fuiste de vacaciones? **A**
Fui a España. **B**

¿Adónde fuiste de vacaciones?	Fui a...
¿Con quién fuiste?	Fui con...
¿Para qué fuiste?	Fui para...
¿A quién conociste?	Conocí a...
¿Qué hiciste?	Tomé el sol
	Salí...
	Visité...
	Jugué...

4 b ✏ ¡extra! **Escribe sobre tus vacaciones y las vacaciones de tu pareja.**

Yo	Mi pareja
Fui a...	Fue a...
Fui con...	Fue con...
Fui para...	Fue para...
Conocí a...	Conoció a...
Tomé el sol	Tomó el sol
Nadé en el mar	Nadó en el mar
Jugué al tenis...	Jugó al tenis...

🗣🗨 ♻ **Pronunciación: questions**

When you pronounce a question in Spanish, intonation is very important, since the order of words is often not different between a statement and a question.

● 💿 *Practise the following pairs of sentences. Then listen and repeat, imitating the intonation.*

1 A mi hermano le gusta ir a Francia en sus vacaciones.
2 ¿A tu hermano le gusta ir a Francia en sus vacaciones?
3 Mis padres fueron a Florida el verano pasado.
4 ¿Tus padres fueron a Florida el verano pasado?
5 Nos gusta conocer a gente nueva en nuestras vacaciones.
6 ¿Os gusta conocer a gente nueva en vuestras vacaciones?
7 Fui a Costa Rica para mejorar mi español.
8 ¿Fuiste a Costa Rica para mejorar tu español?

● ✏ Write three more pairs of statements and questions. Ask your partner to read them at random, and you must write whether they are reading a question or a statement. Give each other a mark.

3C ¿Qué tiempo hizo?

- describe the weather in the past
- use connectives to produce longer sentences
- practise common irregular preterites

1 📖 **Une las expresiones del tiempo con los dibujos.**

Ejemplo: **1 D**

1 hizo frío
2 hizo calor
3 hizo viento
4 hizo buen tiempo
5 hizo mal tiempo
6 hizo sol
7 llovió
8 nevó
9 heló
10 hubo tormenta
11 hubo niebla

2 a 💿 **Une las dos mitades de las frases sobre las vacaciones de Arturo. Escucha y comprueba tus respuestas.**

Ejemplo: **1 b**

1 El lunes hizo mucho frío
2 El martes nevó en la sierra
3 El miércoles hizo sol
4 El jueves llovió todo el día
5 El viernes hizo mucho viento
6 El sábado hubo una tormenta enorme
7 El domingo heló

a así que fuimos a patinar sobre hielo en el lago.
b así que nos quedamos en el hotel y jugamos a las cartas.
c así que por la noche fuimos a un restaurante y luego al cine.
d y como me encantan las tormentas, saqué muchas fotos.
e y decidimos ir a la costa a practicar el windsurf.
f y fuimos a esquiar todo el día.
g y por eso fuimos de paseo por la ciudad y visitamos la Alhambra.

2 b 💿 ¡extra! **Escucha otra vez. Rellena la información en el cuadro.**

día	tiempo	actividad y dónde
lunes	frío	jugar a las cartas, hotel

3 a 💬 **Sondeo de clase. Pregunta qué tiempo hizo.**

Ejemplo:

¿Qué tiempo hizo en tus vacaciones, Peter?

Hizo frío y mucho viento.

3 b 💬 ¡El Juego de adiciones! **Juega con tu pareja.**

Ejemplo:

A Hizo frío
B *Hizo frío y nevó.*
A Hizó frío, nevó y hubo niebla..

Gramática: irregular preterites

- You have now seen a few of the most common irregular preterites in Spanish:

    ser (to be)   *fui* (I was)
    ir (to go)   *fui* (I went)
    hacer (to do)   *hice* (I did)
    (Remember weather expressions: *hizo sol* – it was sunny)
    hay (there is)   *hubo* (there was)
    estar (to be somewhere)   *estuve* (I was)

- There are spelling changes in the **yo** form in verbs with a **g** or **c** or **z** before the infinitive ending:

    practicar   *practiqué*
    jugar   *jugué*
    cruzar   *crucé*

4 Fill in the gaps with the verbs from the box below.

1 Durante mis vacaciones _____ el windsurf casi todos los días.
2 _____ sol casi todos los días en mis vacaciones.
3 El año pasado _____ a Irlanda con mi hermana.
4 _____ en el hotel casi tres semanas.
5 – ¿Qué _____ por las tardes?
  – _____ al tenis con mi amigo Nicolás.
6 – ¿Qué tiempo _____?
  – _____ muchas tormentas y niebla.

estuve   fui   hiciste   hizo (x2)   hubo   jugué   practiqué

5 a Mira los dibujos. ¿Qué tiempo hizo cada día y qué hicieron?

Ejemplo: **El lunes hizo frío, así que me quedé en el hotel y jugué a las cartas.**

¡Así se hace! Using connectives

When you are writing in Spanish, you can make your text more natural-sounding by using connectives.

In this unit you need to write about what the weather was like and what people did as a consequence. You could use:

...*así que*...   ...and so...
...*y por eso*...
...*y por tanto*...   ...and because of that...
...*y como consecuencia*...   ...and as a consequence...
Como...   As...

5 b ¿Y en tus vacaciones? ¿Qué tiempo hizo? ¿Qué hiciste? Escribe un párrafo. Usa conectores diferentes.

Ejemplo: **El lunes hizo calor, así que fui de paseo por la playa y jugué al tenis.**

3D ¿Lo pasaste bien?

- express opinions about a past holiday
- discuss plans for your next holiday
- practise the intonation of exclamations

1

a 📖 Lee las expresiones de opinión y ponlas en orden, de la más positiva a la más negativa.

a ¡Fue horrible!

b Lo pasé bien

c ¡Lo pasé fatal!

d ¡Lo pasé genial!

e ¡Lo pasé muy bien!

f Lo pasé bastante mal

g No estuvo mal

b 💿 Escucha (1–6). ¿Cómo pasaron sus vacaciones? Escribe la letra.

Ejemplo: **1 c**

c 💬 ¿Y tú? ¿Cómo lo pasaste en tus vacaciones? Pregunta a tus compañeros.

A ¿Cómo lo pasaste en tus vacaciones?

B ¡Lo pasé muy bien!

2

a 📖 Lee el correo electrónico y contesta a las preguntas *en inglés*.

1 What was Ana's holiday like?

2 Where did she go?

3 What did she not like about it?

4 Where is she going next year?

5 What is she going to do?

6 Where is she going to stay?

7 What is she going to eat?

> acabo de volver – *I've just come back*
> mojo picón – *a spicy sauce from the Canary Islands*

b ✏️ Contesta a la carta de Ana. Explica tus planes para tus próximas vacaciones.

🗣💬 Pronunciación: exclamations

Exclamations, like questions, have the same word order as statements in Spanish. That is why your intonation has to show you are pronouncing an exclamation.

- 💿 **Listen to and repeat these exclamations.**
  1 ¡Lo pasé genial!
  2 ¡Fue horrible!
  3 ¡Lo pasé bomba!
  4 ¡Mis vacaciones fueron fantásticas!
  5 ¡Lo pasé fatal!

¡Hola, Sara!

¿Qué tal estás? Yo estoy muy bien. Acabo de volver de mis vacaciones y lo pasé fatal. Fui a Costa Rica para ir a la playa y tomar el sol, pero el tiempo fue horrible y la comida no me gustó nada.

El año próximo voy a ir a las Islas Canarias. Voy a pasar tiempo en la playa y practicar el esquí acuático. Los padres de mi amiga tienen un apartamento en Lanzarote y vamos a pasar una semana allí.
Vamos a comer mucho mojo picón, porque me encanta. Va a ser fantástico.
¿Qué vas a hacer tú?

Escribe pronto.

Ana

Voy a ir a...

Voy a alojarme en...

Voy a jugar...

Voy a practicar...

Vamos a comer...

¿Qué hiciste en tus vacaciones?	*What did you do on your holidays?*
¿Dónde te alojaste?	*Where did you stay?*
¿Qué compraste?	*What did you buy?*
¿Qué comiste?	*What did you eat?*
¿Qué hiciste?	*What did you do?*
¿Adónde fuiste?	*Where did you go?*
¿Con quién fuiste?	*Who did you go with?*
¿Para qué fuiste?	*What did you go for?*
¿A quién conociste?	*Who did you meet?*
Jugué al tenis	*I played tennis*
Tomé el sol	*I sunbathed*
Compré ropa	*I bought clothes*
¡Me divertí mucho!	*I really enjoyed myself!*
Me aburrí	*I was bored*
Bebí Coca-cola	*I drank Coca-cola*
Di una vuelta por el pueblo	*I went for a walk around the village*
¡Fue un rollo!	*It was boring!*
Me alojé en un pueblo pequeño	*I stayed in a small village*
Fui a un pueblo	*I went to a town/village*

¿Qué tiempo hizo?	*What was the weather like?*
Hizo frío	*It was cold*
Hizo calor	*It was hot*
Hizo viento	*It was windy*

Hizo buen tiempo	*The weather was good*
Hizo mal tiempo	*The weather was bad*
Hizo sol	*It was sunny*
Llovió	*It rained*
Nevó	*It snowed*
Heló	*It was icy*
Hubo tormenta	*It was stormy*
Hubo niebla	*It was foggy*

¿Cómo lo pasaste?	*What kind of time did you have?*
¡Fue horrible!	*It was terrible!*
Lo pasé bien	*I had a good time*
¡Lo pasé fatal!	*I had an awful time!*
¡Lo pasé genial!	*I had a great time!*
¡Lo pasé muy bien!	*I had a very good time!*
Lo pasé bastante mal	*I didn't have a very good time*
No estuvo mal	*It wasn't bad*

¿Qué planes tienes?	*What plans do you have?*
Voy a ir a España	*I'm going to go to Spain*
Voy a alojarme en...	*I'm going to stay in...*
Voy a jugar...	*I'm going to play...*
Voy a practicar...	*I'm going to do...*
Vamos a comer...	*We're going to eat...*

Gramática:

The preterite of regular verbs

The preterite of irregular verbs

The immediate future

 **Cross-topic words**

¿Con quién? – *Who with?*

¿Para qué? – *What for?*

¿Adónde? – *Where to?*

¡Así se hace!

★ Using connectives to make your writing more natural and interesting

★ Pronunciation: the intonation of questions and exclamations

4 ¡Que aproveche!

4A ¿Qué te gusta comer?

- describe what you like eating and when you eat
- practise using negatives
- develop your listening and speaking skills

1 a 📖 **Haz la encuesta de una revista española. Las respuestas están al pie de la página.**

1 b 📖 **Mira y busca:**

3 frutas: naranja,…

3 negativos: no,…

3 expresiones de cantidad: un poco de,…

3 bebidas

3 cosas que se puede comer en la calle

3 cosas que se puede comer en el desayuno

Eres lo que comes. ¿Eres sano?

Contesta a las preguntas. Pero, ¡cuidado! No hay comida buena y comida mala sino que hay una dieta buena. También, mucho depende del ejercicio que haces y tu estilo de vida. Si haces mucho deporte necesitas más calorías, claro. Si ves la televisión no gastas muchas calorías, claro. ¡Abrir otro paquete de patatas fritas no es ejercicio!

1 ¿Comes

a mucha fruta y ensalada todos los días?

b un poco de fruta y ensalada?

c un poco de fruta?

d ni fruta ni ensalada?

2 ¿Comes carne

a todos los días y mucha?

b tres veces a la semana?

c solamente los domingos?

d nunca?

3 ¿Comes pescado

a todos los días?

b tres veces a la semana?

c una vez a la semana?

d nunca?

4 ¿Qué desayunas?

a Cereales, zumo de fruta y tostadas

b Tostadas y café

c Nada

d Bacón y huevos fritos con salchichas y tomates

5 ¿Cenas muy tarde?

a Todos los días.

b Muy frecuentemente.

c Si es un día especial.

d No, nunca.

6 Tienes hambre en la calle. ¿Comes

a una hamburguesa o un perrito caliente?

b un bocadillo de queso y jamón?

c un trozo de pizza?

d una pera o una manzana?

7 Tienes sed. ¿Bebes

a una Coca-cola Light?

b una Coca-cola?

c un zumo de naranja?

d una botella de agua mineral?

	a	b	c	d
1	15	10	5	0
2	0	5	10	5
3	10	15	5	0
4	15	5	0	5
5	0	5	10	15
6	0	10	10	15
7	5	0	15	15

Más de 75

Llevas una vida muy sana. Comes muy bien y en moderación.

Entre 60 y 75

Comes bastante bien.

Entre 40 y 59

¡Cuidado con lo que tomas! Lo que comes ahora va a afectar tu futuro.

Menos de 40

¡Alerta Roja! No comes bien y vas a tener problemas en el futuro si no haces mucho ejercicio.

Gramática: negatives

- Simple negatives are formed by adding *no* in front of the verb: *como > no como*.

  There are other negative words in the quiz. Make a list of them.

  Normally, *nada* (nothing), *nunca* (never), *ni… ni* (neither… nor), etc. follow the verb and the word *no* goes before:

  No como nunca pescado.

  No desayuno nada.

  No me gustan ni los perritos calientes ni los bocadillos.

- Note that when you are saying 'No, I don't…' you need to use '*no*' twice: *¿Te gusta el zumo de naranja?* **No, no** *me gusta.*

2 **Answer the following questions using one of the negatives.**

Example:

¿Cenas a las diez?

No, no ceno nunca a las diez.

1 ¿Qué comes en el desayuno?
2 ¿Vas al parque todos los días?
3 ¿Comes fruta y ensalada con la comida?
4 ¿Comes pescado tres veces a la semana?
5 ¿Comes carne los domingos?
6 ¿Te gustan los cereales?

3 🗨 **Haz las preguntas a tu pareja.**

¿Qué comes en el desayuno?

¿Qué bebes?

¿Comes en el instituto todos los días?

¿Cenas tarde?

¿Qué comes si tienes hambre en la calle?

¿Qué bebes normalmente si tienes sed?

¿Comes carne o pescado en la cena?

4 ✏ **¡extra!** **Escribe una encuesta con 5 preguntas. Usa 1a como modelo.**

5 💿 **Escucha las preferencias y escribe la letra.**

Ejemplo: **1 e**

a Soy vegetariano. No como ni carne ni pescado.

b Me gusta la comida rápida. Para mí una hamburguesa o un perrito caliente está bien.

c Me gusta el pescado. Me encantan el atún y el salmón.

d Me gusta la pasta – lasaña, espaguetis – o una pizza.

e Para mí, un bocadillo. Trabajo en una oficina y no tengo mucho tiempo.

f Me encanta la carne: un bistec, por ejemplo.

g Soy modelo. No como mucho. Como sopa y ensaladas.

h Me gusta 'picar'. Es decir tomar tapas: quesos, calamares, etcétera.

¡Así se hace! *Extended answers*

The questions opposite appear to invite very short answers. As such, they do not give you much chance to show off your Spanish either in the country or in an exam. Look back at **1a** and pick out the expressions that you could use to make a more detailed (and accurate) answer. A good way of starting is to say something like: *Depende…* (It depends). It also gives you 'thinking time'.

For example:

¿Qué comes si tienes hambre en la calle?

Depende. Normalmente no como nada pero si es un día especial como un trozo de pizza o un perrito caliente con mis amigos.

¡Así se hace! *Anticipating language*

It is so much easier to understand people speaking if we can anticipate what they are likely to say.

Before you listen to the recording in **5**, write down what words you think the different people will use to describe what they eat and drink. What, for example, do you think that the fashion model (**g**) might drink?

Then listen to the recording and check off the words that you have written down. Listen again for any words that you do not know and see whether the context helps you. Now do the matching exercise.

4B ¿Adónde vamos a comer?

- describe what type of food you like
- learn more about accents

Mucho de todo

En las grandes ciudades hay restaurantes de todos tipos. En Buenos Aires, por ejemplo, hay mucha variedad de cocina italiana, francesa, española, china, mejicana y argentina. Buenos Aires es muy cosmopolita con mucha inmigración de Europa.

A los argentinos les encanta la carne, el bife, sobre todo. ¡Es buenísimo! Comen muchos asados.

Hay también mucha influencia italiana Se come mucha comida italiana: lasaña, pizza y pasta en general. La pizza es el fastfood por excelencia con más de treinta variedades. ¡Y es riquísima!

Hay muchos restaurantes españoles en la zona donde hay españoles. Se come mucho pescado y allí se come mucha paella, claro.

el asado – *roast*

1 a 📖 **Lee el artículo y busca las palabras españolas:**

1 a lot of
2 also
3 more than…
4 all, everything
5 above all

Gramática: *-ísimo*

-ísimo just means 'very, very…'.

bueno > *buenísimo*	good > very, very good
caro > *carísimo*	expensive > very, very expensive
lento > *lentísimo*	slow > very, very slow
N.B. *rico* > *riquísimo*	rich/tasty (of food) > very, very rich/tasty

1 b ✏️ **Translate these sentences.**

1 El caviar es carísimo.
2 La pizza es baratísima.
3 El tren es rapidísimo.
4 El español es facilísimo.
5 El alemán es dificilísimo.
6 La montaña es altísima.

1 c ✏️ **Contesta a las preguntas.**

1 ¿Qué tipo de comida hay en los restaurantes argentinos?
2 ¿Qué comida les gusta muchísimo a los argentinos?
3 ¿Qué tipo de comida italiana se come?
4 ¿Por qué es popular la pizza?
5 ¿Qué plato español se come mucho?
6 ¿Cuál es riquísima: la comida española o la italiana?

2 a 💿 **Escucha (1–5). ¿Adónde van los clientes?**

Ejemplo: **1 E**

Restaurantes
de Buenos Aires

Cocina francesa

Chez Christophe

Mediodía y noche de lunes a domingo. Platos clásicos y comida riquísima. **A**

TROYKA
Cocina rusa

Noche de lunes a sábado. El mejor restaurante ruso en América. Típicas comidas rusas. Son especialidades el caviar y el salmón. $50 por persona. **B**

Comida rápida

Angelín

Lunes a sábado mediodía. Sirven sandwiches, empanadas, hamburguesas y buenas pizzas. $5 a $10 por persona.

C

Comida italiana

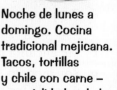

Cara Napoli
Lunes a viernes mediodía y noche. Lo mejor de Italia. Pizzas y pastas de alta calidad. No se aceptan tarjetas. $15 a $30 por persona. **D**

¡Viva Méjico!

Noche de lunes a domingo. Cocina tradicional mejicana. Tacos, tortillas y chile con carne – especialidades de la casa. No hay mejor. **E**

la comida argentina

2 b 💿 ¡extra! **Escucha otra vez. Escribe la letra del restaurante adonde deciden que *no* van a ir.**

Ejemplo: **1 D**

2 c 📖 **Lee los anuncios. ¿Adónde van a ir?**

Ejemplo: **1 E**

1 Bueno, estoy en América del Sur. Voy a comer comida latinoamericana.

2 Sólo tengo una hora. Quiero algo rápido y barato.

3 Busco un restaurante un poco romántico y de lujo. A mi novia le gusta el pescado. No importa si es carísimo.

4 Busco un restaurante para el domingo. Quiero comida europea muy buena. ¿Adónde voy?

5 Me encantan la lasaña y los espaguetis. Sólo hay una posibilidad.

2 d 💬 **Habla con tu pareja. Cambia las palabras.**

Ejemplo:

A ¿Qué tipo de comida te gusta?

B Me gusta la comida española.

A ¿Qué platos te gustan?

B Me gustan la paella, la tortilla española y los calamares.

A ¿Qué plato te gusta más?

B Mi plato preferido es la paella.

la pasta	la pizza	los tacos	los asados
la lasaña	argentina	mejicana	italiana
la hamburguesa	el perrito caliente	el pollo	las salchichas

3 💬 **Haz una encuesta en tu clase. Haz esta pregunta (en español) a 20 personas y escribe los resultados.**

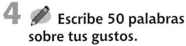
¿Cuál es tu plato preferido?

Mi plato preferido es la pizza.

4 ✏️ **Escribe 50 palabras sobre tus gustos.**

- ¿Qué platos te gustan?
- ¿Cuál es tu plato preferido?
- ¿Qué platos no te gustan?
- ¿Qué platos odias?

Bajo la lupa  **Accentuation (2)**

We saw earlier (see page 9) how there are rules as to where to put the stress on a word. We also saw that for words that are stressed differently, we had to put an accent, e.g. *jamón, típico*. There is another reason why you might use a written accent.

● Look at the following examples:

*Para **mí**, el pollo.*
***Mi** pollo está bueno.*

*Para **él**, el salmón.*
*Creo que **el pollo es delicioso**.*

*¿Quieres **té**?*
*¿**Te** gusta el chocolate?*

*Vamos a tomar **esta** mesa.*
*Prefiero **ésta**.*

*Pregunta a tu mamá **si** quiere café.*
***Sí**, papá.*

In these cases, the accent does not change the stress. It is there to remove confusion between two words that are spelt the same. We write *para mí* and *para él* but in *para ti*, *ti* does not need an accent because there is not another word that could be confused with it.

4C ¡Camarero!

- understand a menu and order food
- devise ways of learning new vocabulary
- learn how to use disjunctive pronouns

1 a 📖 Mira el menú y apunta las palabras que no entiendes. Busca las palabras en el diccionario.

Restaurante El Faro

Almuerzo de 12 a 15
Menú turístico 30€

Primer plato
sopa de pescado
ensalada verde
ensalada mixta
cóctel de gambas
tortilla española
tortilla francesa

Segundo plato
<u>Carnes y aves:</u>
bistec   pollo
<u>Pescado:</u>
merluza   bacalao   salmón   paella

Postres
flan
arroz con leche
ensalada de fruta
helados

Pan, vino, agua incluidos.
El servicio no está incluido.

1 b 💿 Escucha (1–5). ¿Qué recomienda el camarero? ¿Por qué?

Ejemplo: **1** el pollo: riquísimo

1 c 💿 Escucha a los clientes (1–5) en el restaurante. ¿Qué piden?

1 d 💬 Haz un test con tu pareja. No se puede repetir un plato.

Ejemplo:

A ¿Un primer plato?   **B** Ensalada.
A Un punto.   **B** ¿Un postre?
A Flan.   **B** Un punto.

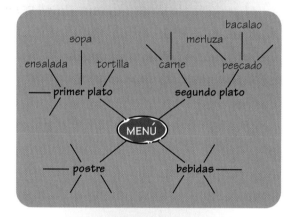

¡Camarero! ¿Qué recomienda?

Recomiendo el restaurante italiano.

2 a 🔊 Escucha y lee. ¿Quién quiere qué?

Ejemplo: Father – fish soup and steak, red wine

Para mí, la sopa de pescado y el bistec.

Para ti, el cóctel de gambas y la paella, ¿verdad?

Sí.

Para vosotros, la ensalada mixta y el bacalao.

Para él, tortilla francesa y paella y para ella, sopa de pescado y merluza.

No, para nosotros la ensalada y el salmón.

¿Y para ustedes, vino o agua?

Para ellos, agua. Para mí, vino tinto.

Y para usted, vino tinto.

Gramática: disjunctive pronouns

When you have a preposition (*para, delante de*), you need to use a special pronoun. Look at the conversation in **2a** and make a list of the pronouns.

mí	me	*nosotros*	us
ti	you (fam.)	*vosotros*	you (fam.)
él/ella	him/her	*ellos/ellas*	them
usted	you (polite)	*ustedes*	you (polite)

2 b Fill in the gaps with the correct pronoun.

1 Niños, para _____, naranjada, ¿verdad?
2 Me gusta el vino blanco. Para _____, el vino blanco de la casa.
3 Cristina, para _____ las gambas al ajillo, ¿verdad?
4 A mi mujer le gusta el pescado. Para _____ la trucha, por favor.
5 Señores, ¿para _____ el vino tinto o el vino blanco?
6 Nos gusta la sopa. Para _____ la sopa de cebolla, por favor.

3 a 📖 Pon las frases en orden para hacer un diálogo.

Recomiendo la ensalada mixta y las chuletas de cerdo.
Vino blanco y agua mineral sin gas.
¡Camarero!
Aquí tiene.
¿Qué recomienda usted?
El menú, por favor.
Entonces, para mí, la ensalada y las chuletas.
Muy bien. ¿Y para beber?
Sí, señor.
Muy bien, gracias.

3 b 💬 Mira el menú de la página 36 y haz diálogos con tu pareja. Cambia las palabras.

 **Question tags**

In sentences **1** and **3** of **2b**, you will see what is called a question tag. In English, we use them a lot to turn a statement into a question: You like fish, don't you? The fish is good, isn't it? In Spanish, you only need *¿verdad?*.

- *Who would ask the following questions, the waiter or the customer?*

1 Usted recomienda el arroz con leche, ¿verdad?
2 Ángeles y María, queréis postre, ¿verdad?
3 Dos sopas y dos ensaladas, ¿verdad?
4 Los servicios están arriba, ¿verdad?
5 Quiere vino tinto, ¿verdad?

4D La gastronomía en España

- learn about Spanish food
- describe the contents of a dish

1 a 📖 Mira el mapa y contesta a las preguntas.

Ejemplo: **1 En el sur**

1 ¿Dónde se come mucho pescado?
2 ¿Dónde se comen muchos platos a base de arroz?
3 ¿Cómo se llama el queso duro muy famoso?
4 ¿Dónde se sirven muchos asados?
5 ¿Cómo se llama la sopa fría?

El norte, zona de las salsas: muchos de los platos vienen con salsas.

El País Vasco tiene fama por su pescado. El bacalao a la vizcaína se hace con salsa de tomate y ajo.

El centro, zona de los asados: muchos platos se basan en carne asada. La Mancha tiene fama por su queso manchego.

El este, zona de los arroces: el arroz es la base de muchos platos.

El sur, zona de los fritos: los alimentos se fríen en aceite de oliva. Se come mucho pescado frito.

En la costa hay mucho pescado y marisco: salmón, bacalao y merluza y se comen calamares.

En Andalucía se toma el gazpacho, que es una sopa fría.

1 b ✏️ Escucha (1–5). ¿De qué zona hablan?

el ajo – *garlic*
los alimentos – *ingredients*
el marisco – *shellfish*

2 a ✏️ ¿Con qué se hacen los platos?

Ejemplo: **1 El gazpacho se hace con tomates, aceite de oliva, cebolla, vinagre, pan y ajo.**

1 ¿Con qué se hace el gazpacho?

2 ¿Con qué se hace la paella?

3 ¿Con qué se hace la tortilla española?

4 ¿Con qué se hace el arroz con leche?

5 ¿Con qué se hace el flan?

6 ¿Con qué se hace la ensalada mixta?

leche
pollo
cebollas
patatas
arroz
marisco
atún
vinagre
aceite de oliva
ajo
azúcar
pan
lechuga
pescado
huevos
tomates

2 b 💬 Juego. Trabaja con tu pareja. Di un ingrediente y tu pareja tiene que adivinar el plato.

Ejemplo:

A Leche. **B** ¿Flan?
A No. **B** ¿Arroz con leche?
A Sí.

La comida	Food
la comida rápida	fast food
la dieta sana	healthy diet
el plato	dish/course
el primer plato	first course
el segundo plato	second/main course
el postre	dessert/sweet course
la sopa de pescado	fish soup
la ensalada verde	green salad
la ensalada mixta	mixed salad (with tuna and egg)
el cóctel de gambas	prawn cocktail
el gazpacho	cold tomato soup
el asado	roast
el bistec	steak
el pollo	chicken
la merluza	hake
el bacalao	cod
el salmón	salmon
la paella	paella
la pizza/pasta	pizza/pasta
el flan	egg custard
el arroz con leche	rice pudding
la ensalada de fruta	fruit salad
los helados	ice creams

Ingredientes	Ingredients
¿Con qué se hace?	What is it made with?
Se hace con…	It is made of…
patatas	potatoes
cebolla	onion

ajo	garlic
tomate	tomato
marisco	shellfish
leche	milk
azúcar	sugar
aceite de oliva	olive oil
atún	tuna

Las bebidas	Drinks
el vino tinto	red wine
el vino blanco	white wine

¡Camarero!	Waiter!
El menú, por favor	The menu, please
Para mí…	For me…
¿Qué recomienda?	What can you recommend?
Recomiendo…	I recommend…
¿Y para beber?	And to drink?
Mi plato preferido es…	My favourite dish is…

Opiniones	Opinions
Está bien	It's fine
¡Buenísimo!	Really good!
¡Muy rico!	Very tasty!
¡Riquísimo!	Very, very tasty!
¡Fue delicioso!	It was delicious!
¡Fabuloso!	Great!
el mejor	the best

Bajo La lupa

- Use of accents to avoid ambiguity
- Use of question tags

Gramática:

Negatives: *no, nada, nunca, ni… ni*
-*ísimo*
Disjunctive pronouns: *para mí, para ti, etc.*

¡Así se hace!

★ Extending your answers
★ Anticipating language in listening texts
★ Ways of learning new vocabulary

⚙ Cross-topic words

sobre todo – *above all*   **¿verdad?** – *isn't it? etc.*
una vez – *once*   **nunca** – *never*
nada – *nothing*   **nadie** – *no-one*

Unidad 3 (¿Problemas? Mira la página 31.)

1 a 🗨 Habla con tu pareja.

Ejemplo: **A:** ¿Qué tiempo hizo ayer en Francia?
B: Hizo calor.

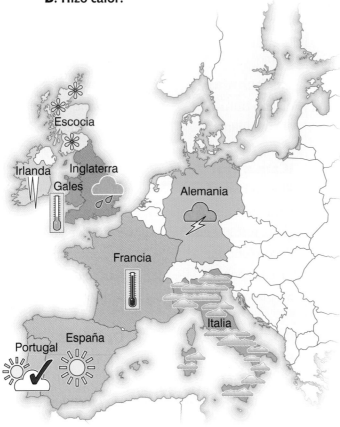

1 b Contrarreloj

Mira el mapa otra vez. En dos minutos escribe el país y el tiempo.

Ejemplo: **En Francia, Hizo calor.**

2 🔘 Escucha (1–5) y rellena el cuadro.

	1	2	3
país	Estados Unidos		
tiempo	buen tiempo		
comida	hamburguesas		
actividades	comprar ropa		
opinión	¡genial!		

Unidad 4 (¿Problemas? Mira la página 39.)

3 ✏️ Lee la carta y contesta. Describe una comida en un restaurante.

Ayer sábado fue mi cumpleaños. Normalmente vamos a un restaurante italiano que está cerca. El año pasado fue un rollo. Lo pasé fatal. La comida fue mala.

Ayer, fuimos al centro a un restaurante español. Los camareros son españoles y la cocina muy española. ¡Lo pasé genial! Me divertí mucho con mis padres. Comí gambas, una paella y un flan riquísimo. Fue buenísimo todo.

Voy a volver con mis amigos y voy a visitar España porque me gusta mucho la comida española.

¿Hay muchos restaurantes donde vives tú?

La comida mejicana

1 *Read the passage quickly and try to work out the overall meaning of it. Write down in a few sentences what you have understood. Such skimming is a useful skill to get the overall meaning before working out exactly what is being said.*

2 *Pick out some patterns in the text and work out how you would say the following:*

Example: **a el 95% del maíz**

a 95% of the corn
b 50% of the English
c 20% of the meat
d It has been eaten for 2,000 years.
e It is combined with milk.
f It is dedicated (given over) to fruit.

3 *Answer the questions.*

1 Las enchiladas se hacen con
a pollo o carne.
b especialidades.
c habas.

2 El maíz es un producto
a caro.
b poco importante.
c esencial.

3 En Méjico
a el 50% de los mejicanos comen maíz.
b el 50% de los mejicanos necesitan el maíz para ganar dinero.
c en el 50% de la tierra se cultiva maíz.

4 Hay muchos tamaños y colores de
a tortillas.
b enchiladas.
c maíz.

5 El maíz contiene muchas
a calorías.
b proteínas.
c grasa.

6 Cuando el maíz se combina con frijoles
a la combinación es mala para la salud.
b la comida es muy sana.
c la dieta tiene aspectos negativos.

7 Para los agricultores el maíz
a es negativo.
b es importantísimo.
c es un problema.

8 Los pequeños productores
a dominan el mercado.
b no tienen control del mercado.
c tienen mucha influencia.

La comida mejicana tiene fama por sus tortillas y otras especialidades como enchiladas (tortillas de maíz rellenas con pollo o carne). La tortilla es una comida básica para los mejicanos. El maíz es un ingrediente importantísimo. Se come desde hace siete mil años. El 25% de los mejicanos dependen del maíz para su trabajo. El 50% de la tierra cultivada se dedica al maíz. Hay miles de variedades de tamaños y colores diferentes (azul, rojo, blanco, amarillo).

Cuando se combina con frijoles es una dieta muy sana. Los dos ingredientes dan el 95% de la proteína necesaria tan buena como la carne y los productos lácteos y sin los aspectos negativos. Es un producto básico y los agricultores del campo dependen del maíz para su comida. El problema es que las corporaciones multinacionales controlan el mercado y los pequeños productores de tortillas tienen muchos problemas.

la fama – *fame*
el maíz – *corn*
el tamaño – *size*
el frijol – *bean*
el producto lácteo – *dairy product*

5 Intercambio

5A Dime más sobre tu familia

- say more about yourself and your family
- give more detailed descriptions

madrastra **abuelos** **padre** **Felipe** **Bea** **abuelita** **Mus**

1 a 💿 Mira el dibujo y escucha la descripción. ▶

1 b 💿 Escucha. ¿De quién habla la chica?

1 No trabajan. Están jubilados desde hace muchos años. Viven en casa con nosotros.
2 Está casado con dos hijos. Vive fuera.
3 Tiene cincuenta años.
4 No trabaja. Prefiere estar en casa.
5 Va al colegio conmigo.
6 Tiene cinco años. ¡Es un perro guardián!
7 Es viuda. Vive sola en un piso cerca. Su marido, mi abuelo, murió hace 15 años. Se llama Juanita.

> la viuda – *widow*
> morir (murió) – *to die (died)*
> jubilado – *retired*
> desde hace – *for*

2 a 📖 Lee las cartas y las frases de abajo. ¿Quién habla?

Ejemplo: 1 Carolina

1 No tengo hermanos. Somos dos en casa.
2 Mis padres tienen cuatro hijos.
3 Mi madre tiene novio.
4 Soy tía.
5 Mis hermanas no están casadas.
6 Mi hermano se casó pero no vive con su mujer.
7 Mi padre no vive con nosotros.

2 b 📖 Busca:

a 4 pronombres (e.g., *yo*)
b 4 adjetivos posesivos (e.g., *mi*)

2 c ✏️ ¿Qué significan las palabras *mujer, separado, novios, soltero, divorciados, casadas?*

Gramática: the use of masculine for mixed genders

Notice that *abuelos* can mean 'grandfathers' but is used here to describe grandfather and grandmother. When there is more than one gender together, the **masculine** form is used.

¡Hola! Te voy a presentar a mi familia. Hay seis en mi familia: mis padres, mi hermano, mis hermanas gemelas y yo. Yo soy el menor. Mi hermano Ignacio es ingeniero. Está separado de su mujer. Ella vive en el sur y él en casa. ¡Compartimos mi dormitorio! Nuestras hermanas, Paula y Conchita, tienen novios pero no están casadas todavía. Mándame una foto de tu familia.
Un abrazo de tu buen amigo,

Andrés

Me presento. Yo soy Carolina y tengo 16 años. Vivo con mi madre. Mis padres están divorciados. No sé dónde está mi padre. Se ha casado con una mujer en Honduras. Mi madre tiene novio pero es un secreto. Es camarera y sale con uno de los camareros. Es soltero (¡no tiene mujer!) y muy simpático y estoy contenta por ella y por ellos.
Besitos,
Carolina

¡Hola! Te voy a contar algo de mi familia. Soy Nuria. Vivo con mi padre, mi madrastra y mi hermana en una casa pequeña en las afueras de la capital. Tengo dos hermanas y un hermanastro – el hijo de mi madre y su primer marido. Mi hermana mayor, Sonia, tiene un bebé y no trabaja. Mi hermana menor, Amelia, vive con nosotros.
Besos y abrazos,
Nuria

3 a 💬 Contesta a las preguntas sobre tu familia.

¿Cuántas personas hay en tu casa?

¿Tienes hermanos?

¿Cómo se llaman?

¿Cuántos años tienen?

¿Están casados?

¿Tienen hijos?

¿Tienes abuelos?

¿Dónde viven?

3 b ¡extra! 💬 Contrarreloj ⏱

Prepara una presentación sobre tu familia o la familia de una foto y habla un minuto.

5 a 📖 Lee las descripciones. ¿De quién se habla?

Ejemplo: **1 mi hermano**

4 a *Look at the adjectives. Write down the ones you don't know. Can you guess what they mean?*

> antipático   egoísta   generoso   estúpido   hablador
> paciente   impaciente   celoso   obediente   valiente
> nervioso   orgulloso   perezoso   sensible   serio   deportista
> romántico   simpático   cruel   desobediente   extrovertido
> tímido   trabajador   honesto   callado   majo   súper guapo

4 a Bajo la lupa 🔍 Word patterns

• You will notice patterns in the adjectives. These patterns can help you to understand words you do not know. For example, the *-ador/-adora* ending is common in Spanish. Take the verb *trabajar* (to work), change the ending to *-ador* and you have an adjective, *trabajador*, meaning hard-working. What does *hablador* mean?

• What other word endings can you find? Are there any patterns you can work out from looking at the respective nouns (e.g. *paciente, paciencia*)? Sometimes, if you can understand the root of the word, you can make sense of the word by identifying the type of ending.

Yo: ¡perfecta!

Mi padre: es muy generoso y romántico. Es muy sensible y paciente. Es muy simpático.

Mi madre: es muy extrovertida y ruidosa. Es valiente y tiene poca paciencia.

Mi hermano: es perezoso. Es egoísta y poco trabajador. Es desobediente y muy hablador en clase.

Mi hermanita: es muy joven y bastante tímida. Es callada en clase y obediente.

Mi novio: es súper guapo y muy majo a veces. Pero es celoso y cruel a veces.

1 Se levanta a las dos de la tarde.

2 No me llama por teléfono.

3 Canta mucho en la cocina y en el baño.

4 Entiende cuando no puedo hacer los deberes y me ayuda.

5 Tiene miedo de la profesora. No es valiente.

6 No ayuda en casa.

7 Habla mucho cuando salimos. Es impaciente en restaurantes.

8 Tiene malas notas en el colegio.

9 No le gusta si salgo con otras personas.

10 Compra rosas rojas para mi madre.

5 b 💬 Habla con tu pareja. Describe tu familia.

¿Cómo es tu madre/padre? Mi madre es…

¿Cómo es tu hermano/a?

¿Cómo es tu novio/a?

5 c ✏ Escribe un párrafo sobre la familia de tu pareja.

Ejemplo:

Mi amigo/a se llama… Vive en… Hay… en su familia:…

Su hermana mayor está casada y tiene… hijos que se llaman… . Su hermano trabaja en…

5B Estás en tu casa

- introduce people and welcome a visitor
- use the personal *a*
- say how long you have done something

1 a 🔊 Lee y escucha.

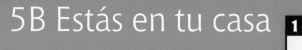

1 ¡Imbécil!

2 ¡Hola! ¿Qué tal? / ¡Estupendo!

3 Te presento a mis padres. Papá, mamá, ésta es Anna.

4 Mucho gusto. / Encantada.

5 Éste es mi hermano, Felipe.

6 Mucho gusto.

7 Y Pablo, mi novio.

8 Ya nos conocemos desde hace cinco minutos. Encantado. / ¡Ay, madre!

1 b 💬 Mira los dibujos y haz diálogos con tu pareja.

 1 Anabel ✗

 2 María Consuelo ✔ 3 years

 **3** José María ✗

 **4** Rocío ✔ 1 year

 **5** Alberto ✔ 6 months

 **6** Patricia ✗

Ejemplo:

A ¿Conoces a María?

B Sí, la conozco desde hace dos años.

A ¿Conoces a Teo?

B No, no le conozco.

A Mucho gusto.

B Encantado.

Gramática: the personal *a*

In Spanish, when the direct object is a person, you must put the word *a* before it. This is called **the personal *a***. It doesn't exist in English.

- Find two examples of the personal **a** in **1b**. Here are two more:

¿Ves a Juan? No, pero veo a su amiga.

Notice that you do not translate the personal **a**. It just has to be there!

However, it is not used after *hay* and *tener*:

Hay dos chicos allí. There are two boys there.

Tengo una hermanastra. I have a stepsister.

2 Insert the personal a where appropriate in the following sentences.

Example: 1 Conoces a mi novia, ¿verdad?

1 Conoces mi novia, ¿verdad?
2 Vamos a ver mis tíos.
3 Tengo un amigo muy simpático.
4 Invité muchas personas.
5 Hay cien mil personas en el estadio.
6 ¿Ves mi padre? No, no le veo.
7 Estudio francés en el colegio.

3 a 🔘 **Escucha (1–4) y apunta las personas que se mencionan.**

Ejemplo: **1** madre, hija, padre

3 b 🔘 **¡extra! Escucha otra vez. Apunta más información.**

Gramática: *desde hace*

In Spanish, to say that you have done something for so long, you use the present tense and *desde hace*:

Vivo aquí **desde hace** *cinco años.* — I have been living here for five years.

4 a 🔘 **Escucha y lee.**

1. Aquí está tu dormitorio. Si te hace falta algo…

2. … hay otra almohada o más sábanas si tienes frío. Las toallas están en la cama.

3. Y aquí el cuarto de baño. Hay champú, jabón, pasta de dientes.

4. Me hace falta un secador de pelo.
   No hay problema.

5. Muchas gracias.

6. ¿A qué hora te levantas por la mañana?

7. A las siete. Y si te hace falta un despertador, hay uno en la mesita de noche.

4 b ✏️ **¿Qué te hace falta?**

Example: **1** Me hace falta una toalla.

Gramática: *me hace falta*

Hacer falta is a way of saying 'to need'. Literally it means 'it is lacking to me'. The verb changes into the plural if what you need is plural.

Me hacen falta dos almohadas.
I need two pillows.

4 c 💬 **Juego de memoria. Cierra el libro y haz frases con tu pareja.**

Ejemplo:

A Me hace falta una toalla.

B Me hacen falta una toalla y una mesita de noche.

A Me hacen falta una toalla, una mesita de noche y…

5C ¿Qué hace tu madre?

- describe what jobs people do
- prepare for questions

1 📖 Contrarreloj ⏱

Une los trabajos y las descripciones.

1 Sirve a los clientes en el bar.

2 Es el hombre más importante del mundo si tu coche no anda.

3 Escribe a máquina y habla mucho por teléfono.

4 Asiste a clase y lee muchos libros en la biblioteca.

5 Trabaja con jóvenes. Les enseña varias asignaturas.

6 Trabaja en una tienda o en unos grandes almacenes.

7 Es responsable de todo. Es el jefe/la jefa.

8 Trabaja en un hospital. Cuida de los pacientes pero no es médico.

9 Si estás enfermo vas a ver a esta persona.

10 Hace un trabajo práctico y especializado.

11 Tiene mucho dinero pero no es rico.

¡nuevo!

- **A** profesor(a)
- **B** médico
- **C** secretario/a
- **D** empleado/a de banco
- **E** director(a)
- **F** ingeniero/a
- **G** camarero/a
- **H** dependiente/a
- **I** enfermero/a
- **J** mecánico/a
- **K** estudiante

2 a 🗨 Juego. Adivina dónde trabaja tu pareja y qué hace. Cuenta las preguntas.

- **A** ¿Trabajas en un hospital?
- **B** No, no trabajo en un hospital.
- **A** ¿Sirves a clientes?
- **B** Sí, sirvo a clientes.
- **A** ¿Trabajas en unos grandes almacenes?
- **B** No.
- **A** ¿Eres dependiente/a?
- **B** Sí.

2 b 🗨 Adapta el diálogo.
¿Qué hacen los miembros de tu familia? Trabaja con tu pareja y haz tres diálogos cada uno.

- **A** ¿Qué hace tu madre?
- **B** Mi madre es médico.
- **A** ¿Dónde trabaja?
- **B** Trabaja en un hospital en Cambridge.

Gramática: dropping *un/una* with jobs

In Spanish you do not use *un* or *una* when describing what people do.

Mi madre es médico. My mother is **a** doctor.

3 🔊 **Escucha (1–5) y apunta sus detalles personales.**

Ejemplo: Father, brother and I at home. Parents separated. Father engineer and brother student.

♻️ **Gramática: question words**

In Spanish all the question words have accents on the stressed syllable: *¿Dónde? ¿Qué?* And, don't forget, all questions need two question marks: *¿?*

If the question word needs a preposition, the preposition goes before the question word: *¿De qué está hecho?* What is it made of?

4 *Add accents and correct punctuation to the following questions.*

1 Donde viven sus abuelos
2 Desde cuando conoces a mi hijo
3 En que trabaja su mujer
4 Como se llama su madrastra
5 Cual es más importante
6 Cuando vas a Madrid

¡Así se hace! *Preparing for questions*

If you go to visit or stay with a family in Spain or a Latin American country, they are bound to ask you about obvious things like your family and what the journey was like. Always have your answers ready in Spanish. It will make conversation easier and calm your (and their) nerves! Have some photos of family and pets to show them too.

5 a 📖 *Match up the questions and answers.*

1 ¿De dónde eres?
2 ¿Dónde está exactamente?
3 ¿Cuánto tiempo vas a estar aquí?
4 ¿Desde cuándo os conocéis?
5 ¿Cómo te sientes?
6 ¿Qué tal el viaje?
7 ¿Tienes hermanos?
8 ¿Cuántos años tiene?
9 ¿En qué trabaja tu padre?
10 ¿Dónde trabaja?

a Fue muy largo.
b Voy a estar dos semanas.
c Soy de York.
d Mi hermano tiene 18 años.
e Trabaja en una fábrica en Leeds.
f Me siento bien, un poco cansado.
g Está en el norte de Inglaterra.
h Tengo un hermano y no tengo hermanas.
i Mi padre es ingeniero técnico.
j Nos conocemos desde hace dos años.

4 b ✏️ *Answer the questions for yourself.*

5D La amistad

• talk and write about friendship

1 a 📖 **Mira los anuncios en una revista. Apunta los adjetivos.**

> **1** Chica guapa de 15 años desea conocer a un chico simpático, divertido, cariñoso y sobre todo sincero. Soy sensible, honesta y busco a alguien que me respete.
>
> Barcelona. Buzón 189934 SMS.

> **2** Chica solita de 17 años busca amigo tranquilo.
>
> Toledo. Buzón 198755 SMS.

> **3** Chica deportista y muy activa de 16 años busca chico compatible, que le gusten las actividades al aire libre y los deportes, para relación seria y estable.
>
> Teruel. Buzón 198756 SMS.

> **4** Chica bajita de 14 años desea conocer a un chico atractivo y divertido para salir, a quien le gusten los conciertos, ir al cine y de paseo.
>
> Ávila. Buzón 198757 SMS.

> **5** Chico de 18 años busca chica sincera y guapa. Soy muy cariñoso y apasionado. Soy tímido pero no aburrido. Escríbeme.
>
> Madrid. Buzón 198758 SMS.

> **6** Chico atlético busca chica entre 15 y 20 años para amiga. Yo soy alto, 1,90, ni flaco ni gordo, rubio. No fumadora, por favor.
>
> Salamanca. Buzón 198759 SMS.

> **7** Chico muy romántico, cariñoso y comprensivo. Tengo buen sentido de humor. Mándame un mensaje.
>
> Ciudad Real. Buzón 198760 SMS.

1 b 💬 **Haz una lista de las características de un buen amigo/una buena amiga. Ponlas en orden. Compara tu lista con la de tu pareja.**

1 c ✏️ **Escribe un anuncio. Usa los anuncios en 1a como modelo.**

2 ✏️ **Lee esta receta para la amistad. Escribe otra receta para el amor romántico o la felicidad.**

Receta para la amistad

Ingredientes:

1 kilo de paciencia

2 kilos de cariño

1 cucharada de lealtad

1 litro de sensibilidad

500 gramos de humor

Preparación:

Mezclar la paciencia y el cariño. Añadir la lealtad y la sensibilidad.
Dejar cocer unos años.
Decorar con humor.

La familia	**The family**
el padrastro	stepfather
la madrastra	stepmother
la mujer	wife, woman
el bebé	baby
los tíos	uncle and aunt
el/la novio/a	boy/girlfriend
el/la vecino/a	neighbour
soltero/a	unmarried
divorciado/a	divorced
separado/a	separated
casado/a	married
jubilado/a	retired
el/la viudo/a	widower/widow
muerto/a	dead

Presentar a alguien	**Introducing someone**
el intercambio	exchange
conocer	to know, get to know
presentar	to introduce
mucho gusto	pleased to meet you
encantado/a	pleased to meet you
Le conozco desde hace un año	I've known him for a year

Estás en tu casa	**Make yourself at home**
¿Te hace falta algo?	Do you need anything?
Me hace falta una almohada	I need a pillow
la sábana	sheet
el champú	shampoo
la pasta de dientes	toothpaste
el secador de pelo	hairdryer
el despertador	alarm clock
la toalla	towel

El trabajo	**Work**
el/la profesor(a)	teacher
el/la médico	doctor
el/la secretario/a	secretary
el/la empleado/a de banco/oficina	bank/office worker
el/la director(a)	manager
el/la ingeniero/a	engineer
el/la camarero/a	waiter/waitress
el/la dependiente/a	shop assistant
el/la enfermero/a	nurse
el mecánico	mechanic
el/la estudiante	student

Gramática:
Using the masculine for mixed genders
Personal *a*
Desde hace ('for' with time): *La conozco desde hace cinco años*
Hacer falta (to need, to be necessary)
Dropping *un/una* with jobs: *Soy profesor*
Question words: accents, punctuation and use of prepositions

⚙ Cross-topic words

desde hace – *for (with expressions of time)*
hace falta – *is necessary*

Patterns of words as an aid to understanding

¡Así se hace!

★ Anticipating and preparing for questions

6A ¿Se puede comer chicle?

- talk about rules in a school
- express what you can, cannot, have to or don't have to do

1 📖 **Mira la lista de reglas del instituto.**

Instituto San José

❶ Hay que llevar uniforme.

❷ No se puede comer chicle.

❸ Hay que ser cortés con los profesores y los otros alumnos.

❹ No se puede comer fuera del comedor.

❺ En el recreo no se puede salir del colegio.

❻ Hay que llegar a las clases a tiempo.

❼ No se puede entrar en el polideportivo sin zapatillas de deporte.

❽ No se puede tirar basura.

2 a 💿 *Listen (1–8) and give the expression used to say something is allowed or not.*

Ejemplo: **1 no se puede**

2 b 💿 ¡extra! **Escucha otra vez. ¿Qué reglas mencionan?**

Ejemplo: **No se puede comer dentro de las clases.**

2 c ✏️ **Escribe tu lista de reglas ideal.**

Ejemplo: **Se puede comer chicle y caramelos en las clases.**

Gramática: saying what you can and cannot do

● Look at the text in 1. How many ways of saying what is and is not allowed can you list?

A very common way of expressing what is allowed is *se puede/no se puede*. Another one is *hay que* which means 'you have to' and *no hay que*, 'you don't have to'. Both must be followed by a verb in the infinitive.

3 a 💿 Escucha y lee.

1

¡Hola!

Soy Claudio, de Chile. Mira, en la mayoría de los institutos de Chile es obligatorio llevar uniforme. Normalmente no es muy estricto, pero hay que llevar colores y tipos de zapatos determinados.

En los recreos se puede salir al patio o ir a la biblioteca, pero no se puede estar dentro de las aulas.

No se puede llegar tarde, pero es sólo una falta leve. Por una falta grave, por ejemplo una pelea, vas al apoderado, que a veces expulsa a los alumnos.

En Chile el colegio es obligatorio hasta los dieciséis años.

el apoderado –	*teacher in charge of discipline in Chilean schools*
el comportamiento –	*behaviour*
te regaña –	*tells you off*
expulsa –	*expels*
una falta leve –	*not important offence*
una falta grave –	*serious offence*

2

¿Qué tal?

Soy Pilar y soy española.

Te voy a hablar de los colegios en España. En general no hay que llevar uniforme, sólo hay uniforme en los colegios privados. No se puede llegar tarde a clase.

El trato con los profesores es muy informal, pero hay que ser cortés. Se puede comer chicle, pero a algunos profesores no les gusta.

Si tu comportamiento no es bueno, a veces llaman por teléfono a tus padres, o el jefe de estudios te regaña: depende del colegio.

La educación en España es obligatoria hasta los dieciséis años.

3 b 📖 Busca las palabras en español.

1 at break
2 but
3 in general
4 or
5 sometimes

3 c 📖 ¿Es Claudio, Pilar o los dos?

1 Normalmente no hay uniforme.
2 No se puede estar dentro de las aulas en el recreo.
3 Hay que ir al colegio hasta los 16 años.
4 El trato con los profesores es informal.
5 En el recreo se puede salir al patio o ir a la biblioteca.
6 Se puede comer chicle.
7 El jefe de estudios te regaña.
8 El apoderado puede expulsarte.

3 d ✏️ ¡extra! Escribe una carta parecida sobre las reglas de tu colegio. Usa las cartas en **3a** para ayudarte.

6B ¿Cómo es tu uniforme?

- describe your uniform and give your opinion
- revise adjectival agreement
- use *deber* and *tener que* (must/have to)

1 ¡Hola! Me llamo Pablo y soy uruguayo. En mi país los chicos llevamos un uniforme muy raro: tanto los chicos como las chicas llevan una gran túnica blanca con una moña grande azul. Es horrible, pero todos deben llevarlo.

2 ¿Qué tal? Soy Paula, de Chile. En mi país en general hay que llevar uniforme. Normalmente es una chaqueta gris o azul, una camisa blanca, una corbata azul, y unos pantalones grises para los chicos o una falda del mismo color para las chicas. Es un poco aburrido, pero la verdad es que es bastante elegante.

3 ¡Hola! Soy Nuria, de España. En mi país en general los alumnos no tienen que llevar uniforme: sólo se lleva uniforme en los colegios privados. Normalmente mis amigos y yo llevamos vaqueros y una camiseta al colegio, porque es lo más cómodo.

1 📖 **Une las descripciones y los dibujos.**

 A

 B

 C

2 💿 **Escucha. Escribe los detalles de los uniformes.**

Ejemplo: **1** falda azul, camisa blanca, chaqueta gris

¡nuevo!

de cuadros	falda de tablas
de rayas	jersey de pico
verde claro	de lana
verde oscuro	de algodón
azul marino	zapatos planos
celeste	con el escudo del colegio
burdeos	

♻️ **Gramática: agreement of colour adjectives**

Type 1 (most adjectives)

They change their endings to match the noun in **gender and number**:

m sing	f sing	m pl	f pl
blanco	blanca	blancos	blancas

Type 2

They change their endings to match the noun in **number** but not gender:

m/f sing	m/f pl
azul	azules

Type 3

They **do not change** their endings to match the noun in gender or number:

naranja   lila   rosa

3 ✏️ **¿Y tú? ¿Llevas uniforme? Escribe una descripción.**

Ejemplo: Mi uniforme consiste en un/una...

4 a 💿 **Escucha. ¿Tienen una opinión positiva (P) o negativa (N) de su uniforme?**

Ejemplo: **1** P

4 b 💿 ¡extra! *Listen again. How many ways are there to ask for people's opinions?*

Ejemplo: **1** ¿Qué te parece... ?

4 c 💬 **Entrevista a varios compañeros de clase. ¿Qué piensan del uniforme?**

A ¿Qué piensas del uniforme, Pete?

B No me gusta nada.

A ¿Por qué?

B Porque es demasiado formal y muy incómodo.

+		–	
un poco	conveniente	un poco	incómodo
bastante	moderno	bastante	formal
muy	cómodo	muy	anticuado
súper	elegante	demasiado	
	formal	Odio los colores	

5 a 📖 **Lee el correo electrónico.** ▶

5 b 📖 **Busca las expresiones:**

1 I have to
2 girls must
3 boys must
4 both of us, boys and girls, must

Gramática: 'have to' and 'must'

From the exercise above, can you deduce the rule for the use of 'have to' and 'must' in Spanish?

tengo	I have to...
tienes	
tiene	+ que + infinitive
tenemos	
tenéis	
tienen	
debo	I must...
debes	
debe	+ infinitive
debemos	
debéis	
deben	

¡Hola!

Me preguntabas cómo es mi uniforme. Bueno, en España normalmente no se lleva uniforme al colegio, pero yo voy a un colegio católico y sí tengo que llevar.

Mi uniforme consiste en un jersey de lana azul marino, de pico, con un polo blanco. Las chicas deben llevar una falda de cuadros azules, verdes y blancos, de tablas. Es una falda bastante larga, por debajo de la rodilla, aunque casi todas las chicas la llevan más corta. Los chicos deben llevar unos pantalones gris oscuro de lana. Los chicos además llevan calcetines oscuros, mientras que las chicas tienen que llevar medias o calcetines azules. Yo prefiero las medias porque creo que son más elegantes. Encima, los chicos y las chicas debemos llevar una chaqueta azul marino con el escudo del instituto. Para las chicas no se permiten los zapatos de tacón.

Mi uniforme no está mal. Es muy conveniente porque no tengo que preocuparme de la ropa que llevo cada día. Sin embargo, me parece que es demasiado formal y un poco anticuado. Me gustaría poder llevar mi propia ropa.

¿Y tú? ¿Llevas uniforme? ¿Cómo es? ¿Te gusta? ¿Qué prefieres llevar?

Escribe pronto.

Miguel

5 c ✏️ **Contesta a las preguntas de Miguel. Busca las palabras que puedes cambiar y adáptalas para ti.**

¡Hola Miguel!
Me preguntabas si llevo uniforme. En Inglaterra, normalmente...

6C ¿Qué harás en tus exámenes?

- say what options you will take and why
- discuss future plans and careers
- use the future tense

1 a 💿 Escucha la conversación entre Miguel y su amigo inglés, Peter.

1 b 📖 ¿Qué asignaturas estudiarán Peter y Miguel?

Peter	Miguel
español	español

1 c ✏️ ¿Y tú? ¿Qué estudiarás el año que viene? Escribe una lista.

Ejemplo: **El año próximo estudiaré...**

Gramática: the future tense

To form the future tense, endings are added to the infinitive without removing the -ar, -er, -ir.

estudiar

estudiaré	estudiaremos
estudiarás	estudiaréis
estudiará	estudiarán

There are a few, very common irregular verbs:

salir – saldré   poder – podré
hacer – haré   venir – vendré
poner – pondré

---

2 a 📖 *Read the sentences and write down the verbs in the future. Translate the sentences.*

1 El año que viene iré a la universidad de Madrid.
2 Mañana desayunaré un té con leche.
3 Esta noche saldré con mis amigas Irene y Pilar.
4 Mi hermano estudiará esta noche para su examen de mañana.
5 Me encantan las ciencias. Seré médico en el futuro.
6 Ahora no hago ciclismo, pero el año próximo sí lo haré.
7 Mis amigos vendrán a España para visitarme este verano.
8 Mi familia y yo viviremos en Valencia dentro de tres meses.

2 b ✏️ *Put the verbs in brackets in the correct form of the future.*

1 El año próximo yo (estudiar) español y alemán.
2 Mi hermano (hacer) ocho asignaturas para sus exámenes.
3 Mis amigas Elena y Pilar (estudiar) conmigo el año próximo.
4 Si estudio mucho, (poder) ir a la universidad a estudiar medicina.
5 ¡Ernesto! Sólo (salir) si terminas tus deberes.

3

📖 **Lee las razones de los chicos para elegir las asignaturas. Escribe el nombre.**

Who...

1 wants to be a psychologist in the future?
2 likes active subjects?
3 wants to know about the past?
4 wants to write a book?
5 wants to be an engineer?
6 thinks that languages are useful?
7 wants to be an artist?
8 will study biology?

Nicolás

Paco

Inés

Voy a estudiar física e informática. Creo que son muy interesantes, y además quiero ser ingeniero en el futuro, así que necesitaré estudiar estas asignaturas.

El año próximo estudiaré idiomas porque son muy útiles. Quiero ser traductor.

En el futuro seré artista. Tendré que estudiar arte y diseño para mis exámenes.

María José

Ana

Carlos

El año próximo estudiaré historia. Me encanta conocer cosas sobre el pasado. Me encantaría escribir un libro sobre la historia de España.

¿En el futuro? No sé, posiblemente seré psicóloga, así que necesitaré estudiar biología y matemáticas. Creo que las matemáticas son esenciales.

¿Qué estudiaré el año próximo? Bueno, estudiaré educación física. Me encantan las asignaturas activas y seré profesor en el futuro.

4

💿 **Escucha. Copia y completa el cuadro.**

	¿asignaturas?	¿por qué?	¿en el futuro?	¿información extra?
José				
Anabel				
Blanca				
Sergio				
Antonio				

5 a

💬 **Habla con tu pareja.**

A ¿Qué estudiarás el año próximo?
B Estudiaré francés, diseño y español.
A ¿Por qué?
B Porque me gustan los idiomas y creo que el español será muy útil.
A ¿Qué quieres ser en el futuro?
B Me gustaría ser profesora.

5 b

✏️ **Escribe un párrafo con tus respuestas y otro con las respuestas de tu pareja.**

Ejemplo: Yo estudiaré... porque.... Me gustaría ser...

Mi amigo/a estudiará... porque.... Le gustaría ser...

¡**nuevo!**

Las profesiones

traductor(a)	escritor(a)
ingeniero/a	arquitecto/a
artista	profesor(a)
psicólogo/a	policía
soldado	médico
científico/a	secretaria

6D Un buen profesor debe ser...

- give your opinion on subjects and teachers
- learn dictionary skills: finding the stem of a word

A

estricto

B

relajado

1 📖 **Mira las cualidades. Escribe una lista con las cualidades que un profesor debe o no debe tener, en tu opinión.**

C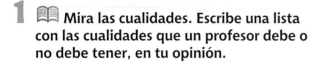

organizado

D

desorganizado

E

blah blah blah

hablador

F

tímido

G

inteligente

H

atractivo

I

feo

J

simpático

K

antipático

Ejemplo:

En mi opinión, un buen profesor debe ser...
En mi opinión, un buen profesor no debe ser...

L

comprensivo

M

justo

2 💿 **Escucha (1–5). ¿Cómo es un profesor perfecto? Copia y rellena el cuadro.**

	Debe ser	No debe ser
1	comprensivo, hablador	desorganizado, antipático
2		

3 ✏️ **Escribe un anuncio para un nuevo profesor de español en tu instituto. Mira el ejemplo.** ▶

Instituto Las Maravillas, Madrid

Se busca profesor de matemáticas.

El candidato debe ser una persona dinámica. Debe ser organizado, estricto e inteligente.

No debe ser tímido ni demasiado relajado.

Interesados enviar CV al colegio.

Fecha límite 3 de marzo

4 ¡Así se hace! *Dictionary skills: looking for the stem*

Words in the dictionary appear in the simplest form: in the masculine form, nouns in the singular and verbs in the infinitive.

When you want to find a new word, you need to change it into these forms, otherwise you will not always be able to find it.

For example, if you wanted to know the meaning of the word *antipáticas*, you would need to change it first into *antipático*.

This is particularly difficult with verbs: for example, to find *fui* you would need to look for *ser* or *ir*.

● **Look at the following list of words. Put them in the form you will find in the dictionary and then look up their meaning.**

word	form in dictionary	meaning
asignaturas	*asignatura*	subjects
canté	*cantar*	I sang
velas		
aguacates		
investigué		
lagartos		
sombrillas		
viajaré		
tenedores		

Las reglas / Rules

Hay que llevar uniforme	*You have to wear a uniform*
No se puede comer chicle	*You can't chew chewing gum*
Hay que ser cortés con los profesores y los otros alumnos	*You have to be polite to the teachers and the other pupils*
En el recreo no se puede salir del colegio	*You can't go out of school at break times*

El uniforme / Uniform

consiste en...	*consists of...*
de cuadros/de rayas	*checked/striped*
verde claro/verde oscuro	*light green/dark green*
azul marino/celeste	*navy blue/light blue*
burdeos	*burgundy*
una falda de tablas	*pleated skirt*
un jersey de pico	*V neck jumper*
un polo	*a polo t-shirt*
de lana/de algodón	*wool/cotton*
zapatos planos	*flat shoes*
con el escudo del colegio	*with the school's badge*

Opiniones sobre el uniforme / Opinions on uniform

Creo que mi uniforme es...	*I think my uniform is...*
cómodo/incómodo	*comfortable/uncomfortable*
elegante/formal	*elegant/formal*
conveniente/moderno	*practical/modern*
anticuado	*old-fashioned*
Odio los colores	*I hate the colours*

Las profesiones / Professions

Me gustaría ser/seré...	*I would like to be/I will be...*
traductor(a)	*a translator*
ingeniero/a	*an engineer*
artista	*an artist*
psicólogo/a	*a psychologist*
soldado	*a soldier*
científico/a	*a scientist*
escritor(a)	*a writer*
arquitecto/a	*an architect*
profesor(a)	*a teacher*
policía	*a police officer*
médico	*a doctor*
secretaria	*a secretary*

Opiniones sobre las asignaturas / Opinions on subjects

Me gustan las matemáticas porque...	*I like maths because...*
son muy útiles	*it's very useful*
son muy interesantes	*it's very interesting*
son esenciales	*it's essential*
son emocionantes	*it's exciting*
Me encantan las asignaturas activas	*I love active subjects*
Me gustan los idiomas	*I like languages*
Se me dan bien los idiomas	*I'm good at languages*
Me encanta leer	*I love reading*

Las cualidades de los profesores / Qualities of teachers

estricto/relajado	*strict/relaxed*
organizado/desorganizado	*organised/disorganised*
hablador/tímido	*talkative/shy*
inteligente	*intelligent*
atractivo/feo	*attractive/ugly*
simpático/antipático	*nice/unpleasant*
comprensivo	*understanding*
justo	*fair*
divertido	*funny/entertaining*

Gramática:

Saying what you can and cannot do: *se puede(n)/no se puede(n)*
Saying what you must and must not do: *hay que/debes.../no debes...*
Saying what you have to do: *tienes que...*
Agreement of colour adjectives
The future tense

Cross-topic words

(no) hay que – *you (don't) have to*
en general – *in general*
normalmente – *normally*
¿por qué? – *why?*
un poco – *a little*
bastante – *quite*
muy – *very*
demasiado – *too*

¡Así se hace!

★ Dictionary skills: looking for the stem

Unidad 5 (¿Problemas? Mira la página 49).

1 Escucha. ¿Cómo son los miembros de la familia?

Ejemplo: **Madre**: muy extrovertida,...

antipático	extrovertido	paciente
callado	generoso	perezoso
celoso	hablador	sensible
cruel	honesto	serio
deportista	impaciente	simpático
desobediente	majo	súper guapo
divertido	nervioso	tímido
egoísta	obediente	trabajador
estúpido	orgulloso	valiente

Max es muy deportista

Unidad 6 (¿Problemas? Mira la página 57).

2 Une las preguntas y las respuestas.

1 ¿Qué asignaturas estudiarás el año próximo?
2 ¿Llevas uniforme?
3 ¿Cómo es tu uniforme?
4 ¿Cómo debe ser un profesor, en tu opinión?
5 ¿En qué trabaja tu padre?
6 ¿Cómo es tu hermano?

a Mi hermano es desobediente y antipático.
b Mi padre es abogado. ¿Y el tuyo?
c Mi uniforme consiste en un vestido blanco y azul, unos calcetines blancos y zapatos negros.
d Sí, llevamos un uniforme que es horrible.
e Un profesor debe ser estricto pero justo.
f Estudiaré matemáticas, español y física.

3 a Entrevista a tu pareja.

A ¿Qué asignaturas estudiarás el año próximo?
B Estudiaré...
A ¿Cómo es tu uniforme?
B Mi uniforme es...
A ¿Cómo debe ser un profesor, en tu opinión?
B Un profesor debe ser...

A ¿En qué trabaja tu padre/madre/hermano?
B Mi padre trabaja de...
A ¿Cómo es tu padre/madre/hermano?
B Mi padre es...
A ¿Qué trabajo quieres hacer después del colegio?
B Quiero trabajar de...

3 b Escribe un correo electrónico a tu amigo español. Incluye tus respuestas a dos otras preguntas o más, del ejercicio **3a** si quieres.

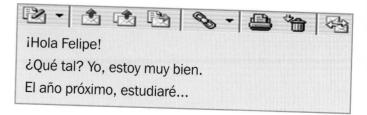

¡Hola Felipe!
¿Qué tal? Yo, estoy muy bien.
El año próximo, estudiaré...

Colegio Sierra Blanca

Lee el texto y contesta a las preguntas en inglés.

El colegio Sierra Blanca, situado en el corazón de la Costa del Sol, es el colegio que ofrece todo lo que pueda desear para sus hijos. Es un colegio mixto con ochocientos alumnos. Los grupos son pequeños, con un máximo de quince alumnos por clase. El nivel de enseñanza es uno de los mejores que se ofrece en la zona y los resultados son unos de los mejores a nivel nacional.

El uniforme

El uniforme en Sierra Blanca ayuda a la atmósfera de orden y disciplina. Todos los alumnos deben llevar una chaqueta azul con el escudo del colegio, una camisa blanca de manga larga o corta, una corbata de rayas, unos calcetines azules y zapatos negros planos. Las chicas deben llevar una falda de cuadros y los chicos unos pantalones gris oscuro.

Instalaciones

El colegio Sierra Blanca dispone de las últimas instalaciones. El colegio tiene dos gimnasios, pistas de tenis, badminton y squash, piscina climatizada y pistas atléticas. También hay numerosas salas de ordenadores. Todas las aulas están equipadas con vídeos, DVD y pizarras interactivas.

Reglas

El colegio Sierra Blanca exige que los alumnos obedezcan una serie de reglas:

- Siempre hay que llegar a las clases a tiempo.
- No se puede comer chicle.
- Hay que ser cortés con los profesores y los otros alumnos.
- No se puede comer fuera del comedor.
- En el recreo sólo se puede salir del colegio si uno está en Bachillerato.
- Hay que llevar el uniforme correcto.
- No se puede entrar en el polideportivo sin las zapatillas de deporte apropiadas.

Contactos

Si está interesado en contactar el colegio Sierra Blanca, escriba a la siguiente dirección:

Colegio Sierra Blanca

Camino de los Tilos 26

29312 Mijas

Málaga

España

contactos@colegiosierrablanca.es

---

1 Where is the school?

2 How many pupils are there?

3 How many pupils are there per class?

4 What are the results like?

5 Why is it important to wear a uniform?

6 What is the uniform like?

7 What facilities does the school have?

8 What three things do all the classrooms have?

9 What seven rules must all the pupils follow?

7 De compras

7A Las tiendas

- learn the names of shops and items to buy
- use some prepositions and impersonal *se*
- form and recognise words derived from others

1 a ✏️ **Mira los nombres de las tiendas. ¿Qué significan en inglés? Adivina.**

> la carnicería el quiosco
> los grandes almacenes la droguería
> el mercado el supermercado
> la tienda de ropa la pescadería
> la farmacia la panadería

1 b 💿 **Escucha (1–7). Escribe la letra de la tienda mencionada.**

2 a 📖 **Mira los productos. ¿En qué tiendas los puedes comprar? Escribe una lista.**

Ejemplo: En una carnicería se puede comprar: bistec, salchichas…

▶

aspirinas	carne	jabón	pollo
azúcar	calamares	pan	revista
bistec	dulces	pasta de dientes	salchichas
café	fruta		salmón
camisa	gambas	periódico	tiritas

2 b ✏️ **¡extra!** **Añade más productos que se pueden comprar en cada tienda.**

3 💿 **Escucha (1–5). ¿Qué van a comprar y dónde? Copia y rellena el cuadro.**

	¿productos?	¿dónde?
1	pasta de dientes, jabón	droguería
2		

la frutería

la pastelería

4 ¡Así se hace! *Word derivation*

You will have noticed that many names of shops have a similar ending in Spanish. From the name of the shop, you can normally guess what product is offered:

carnicería – carne *pescadería – pescado*

Be careful! This system does not always work (a *droguería* does not sell drugs!).

- **Look at the following names of shops. Try to guess what products or services they offer. Check your answers in the dictionary.**

zapatería bombonería ferretería

sastrería perfumería cafetería

confitería peluquería la pastelería

Gramática: the impersonal *se*

To say that 'they' or 'you' can do something, in Spanish you normally use *se* and the verb in the third person singular or plural.

Se puede comprar jabón en el mercado.
You can buy soap at the market.

Las revistas se compran en el quiosco.
They sell magazines at the newsagent's.

● **Read the text about shops in Spain. How many examples of the impersonal *se* can you find?**

5 a 📖 **Lee el texto otra vez. ¿Qué tiendas y qué productos se mencionan? Haz una lista.**

5 b ✏️ **¿Qué se puede encontrar en las tiendas en Gran Bretaña? Usa el texto como modelo.**

¡Así se hace! *Adapting phrases from a text*

You can adapt sentences from the article in **5a** to write your own text about shops in England.

Los ingleses
~~Los españoles~~ *compran los productos frescos, como*
la carne, el pescado y la fruta, en un ~~mercado~~.
supermercado

6 a 📖 **Mira la calle principal abajo. Adivina las tiendas. Usa las pistas.**

La droguería está a la izquierda de la carnicería.

El mercado está entre el quiosco y la tienda de ropa.

La farmacia está enfrente del supermercado.

La pescadería está a la derecha de la carnicería.

La tienda de ropa está al final de la calle, enfrente de la panadería.

La pescadería está al lado de la panadería.

Los grandes almacenes están entre la farmacia y el quiosco.

La panadería está al final de la calle a mano izquierda, enfrente de la tienda de ropa.

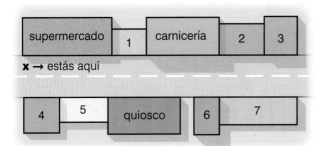

¿Dónde se puede comprar pasta de dientes?

En los barrios en España hay muchas tiendas pequeñas, más que en Inglaterra. En un supermercado se puede comprar de todo: fruta, verdura, detergente, carne y pescado…

Normalmente en España hay supermercados pequeños en los barrios, pero los grandes hipermercados están en las afueras de la ciudad.

Sin embargo, los españoles compran los productos frescos, como la carne, el pescado y la fruta, en un mercado. En todas las ciudades grandes hay varios mercados.

Normalmente en los barrios hay droguerías, donde se pueden comprar productos como detergente, jabón, pasta de dientes… En una panadería no sólo se vende pan: también se pueden encontrar pasteles y tartas.

Gramática: prepositions

al lado de…   entre… y…   enfrente de…

a la izquierda de…   a la derecha de…   al final de la calle

a mano derecha   a mano izquierda   en las afueras del pueblo/de la ciudad

6 b 💬 **Habla con tu pareja. Pregunta dónde están las tiendas.**

Ejemplo:

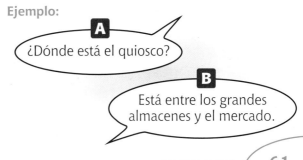

A ¿Dónde está el quiosco?

B Está entre los grandes almacenes y el mercado.

7B La lista de la compra

- use quantities and currency
- learn fruit and vegetable vocabulary
- use demonstrative adjectives

Gramática: expressions of quantity

In Spanish, expressions of quantity are followed by *de*.

un kilo de…

un paquete de…

100 gramos de…

● What does *de* mean as in English?

1 a 💿 Mira los dibujos. Escucha (1–9) y escribe la letra.

A

un tubo de pasta de dientes

B

una caja de té

C

una docena de huevos

D

una barra de pan

E

un kilo de pollo

F

medio kilo de salchichas

G

100 gr de jamón

H

un paquete de café

I

una lata de Coca-cola

1 b 💿 Escucha otra vez. Une los productos (A–I) a los precios (1–9).

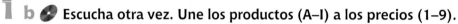

1 €3,40   **2** €3,14   **3** €1,24   **4** €1,35   **5** €4,30   **6** €4,40

7 €0,80   **8** €3,85   **9** €0,95

2 💬 Mira los dibujos. Haz conversaciones con tu pareja.

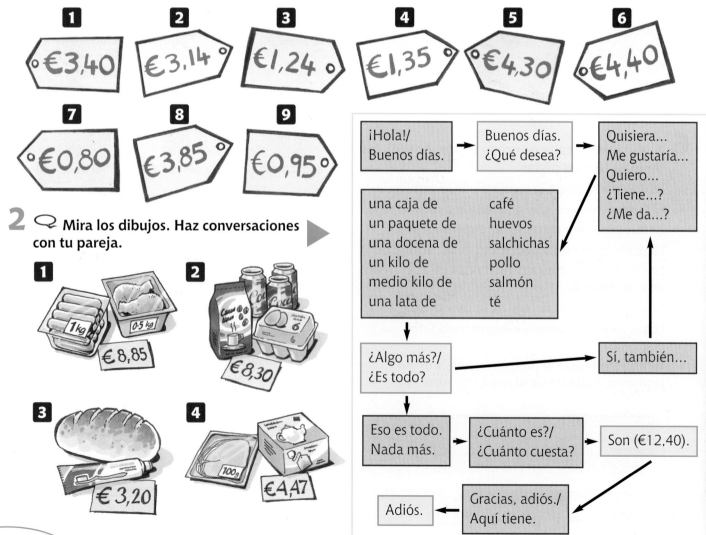

1 €8,85

2 €8,30

3 €3,20

4 €4,47

| ¡Hola!/ Buenos días. | → | Buenos días. ¿Qué desea? | → | Quisiera… Me gustaría… Quiero… ¿Tiene…? ¿Me da…? |

una caja de
un paquete de
una docena de
un kilo de
medio kilo de
una lata de

café
huevos
salchichas
pollo
salmón
té

¿Algo más?/ ¿Es todo? → Sí, también…

Eso es todo. Nada más. → ¿Cuánto es?/ ¿Cuánto cuesta? → Son (€12,40).

Adiós. ← Gracias, adiós./ Aquí tiene.

3 a 🔊 **Escucha. Escribe las letras en el orden en que se mencionan.**

Ejemplo: **I, ...**

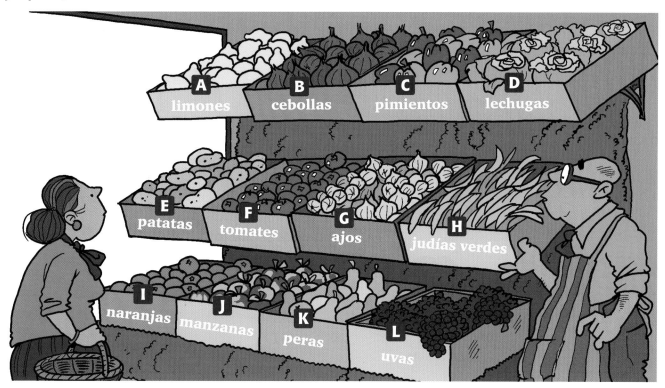

3 b 🔊 ¡extra! **Escucha otra vez. ¿Qué expresiones se utilizan para *this, these, that* y *those*?**

Gramática: demonstrative adjectives

In English there are only two degrees of nearness: 'this' and 'that'. In Spanish there are three, and they agree in gender and number with the noun they go with.

m sing	f sing	m pl	f pl
este	*esta*	*estos*	*estas* (this/these)
ese	*esa*	*esos*	*esas* (that/those)
aquel	*aquella*	*aquellos*	*aquellas* (that/those over there)

3 c *Translate these sentences into Spanish.*

1 I would like these tomatoes and those lemons over there.
2 Give me a kilo of those oranges, please.
3 How much is this garlic?
4 I would like to buy that loaf of bread, and these three packets of coffee.
5 These potatoes are more expensive than those onions.

4 a ✏️ **Mira el dibujo en 3a y escribe un diálogo. Cambia las palabras.**

– Hola, buenos días. ¿Qué desea?
– ¿Cuánto cuestan estas naranjas?
– Son 2€ el kilo.
– Pues deme dos kilos entonces.
– ¿Y esos tomates?
– Son 3€ el kilo.
– Quisiera medio kilo, por favor.
– ¿Algo más?
– A ver... ¿Cuánto cuestan aquellos limones?
– €2,30 por tres kilos.
– Muy bien, tres kilos entonces. Eso es todo.
– Pues a ver... en total son €7,80.
– Aquí tiene. Gracias.
– De nada. Adiós.

4 b 💬 **Lee tu diálogo co**

7C ¿Qué comes?

- describe a healthy diet
- plan a presentation on healthy living
- practise negative sentences

Bien, queridos oyentes, hoy vamos a hacer una encuesta sobre los hábitos de comida de los jóvenes españoles. ¡Hola! Dime, ¿comes mucha verdura?

¡Uf, no! Nunca como verduras, las odio.

1 a  Escucha y lee.

¿Y tú? ¿Con qué frecuencia comes pescado y carne?

Bueno, no me gusta mucho la carne, así que casi no como. Pero me encanta el pescado, como tres o cuatro veces a la semana.

A ver, otro joven. ¿Comes muchos dulces?

La verdad es que como muchos dulces. Me encantan. Pero también me gusta la fruta. Siempre como fruta después de la comida.

No, nunca bebo té ni café, no me gustan nada. Pero sí bebo Coca-cola todos los días, me gusta muchísimo.

Y para terminar, dime, ¿bebes mucho té o café?

1 b 📖 Busca las expresiones:

1 I always eat...
2 I drink... every day
3 I eat... three or four times a week
4 I hardly ever eat...
5 I never drink...
6 I never eat...

Gramática: negative sentences

Spanish uses double negatives.
To say that you hardly ever or that you never do something, you use *no* + verb + *nunca*/*casi nunca*.

Example:

No como nunca verduras.   I never eat vegetables.
No como casi nunca pescado.   I hardly ever eat fish.

Note: If the sentence starts with *nunca* or *casi nunca*, *no* isn't needed.
Nunca como verduras. (◀◀ p.33)

2 a 💬 Habla con tu pareja y escribe las respuestas.

A	**B**
¿Comes mucha verdura?	Siempre como/bebo...
¿Con qué frecuencia comes pescado y carne?	Como/bebo... una vez/dos veces... a la semana/al día.
¿Comes muchos dulces?	Nunca/Casi nunca como/bebo...
¿Bebes té y café?	No como/bebo nunca/casi nunca...

2 b ✏️ Escribe tus propias respuestas y las respuestas de tu pareja.

Ejemplo:

Siempre como verdura, me gusta mucho. Nunca como dulces.
Anna nunca come verdura, no le gusta nada. Bebe té dos veces al día.

¡Así se hace! *Recycling words*

Where possible in your Spanish lessons, bring in words you've learnt before (e.g. una hamburguesa).

3 a 📖 Lee el artículo y busca las expresiones:

1 Each day
2 If you want to stay in good health
3 In order to keep fit
4 Sleep enough
5 You can start the day
6 You must/have to eat
7 You should eat

3 b 📖 Busca las expresiones:

1 a bit of
2 a lot of vegetables
3 even more fruit
4 less fat and sweets
5 more fruit
6 quite a lot of vegetables

Gramática: what you should do or shouldn't do

Hay que… /No hay que...
Debes… /No debes…   + infinitive

Hay que tomar verdura. You have to eat vegetables.
Debes comer fruta. You should eat fruit.

picar entre comidas – *to snack between meals*

3 c 📖 Lee el texto y completa las frases.

1 Para estar sano debes tomar
 a cinco piezas de fruta o verdura.
 b mucha carne.
 c muchos dulces.

2 Para estar sano, debes empezar el día con
 a una taza de té.
 b un par de cafés.
 c una pieza de fruta o un zumo de naranja.

3 A la hora del almuerzo debes tomar
 a sobre todo carne o pescado.
 b bastante fruta y verdura.
 c un dulce de postre.

4 Además de la comida debes
 a hacer ejercicio y beber mucha agua.
 b levantarte muy temprano.
 c trabajar más.

Vida sana: come cinco al día

● Todos los estudios de vida sana en estos momentos llegan a la misma conclusión: debes comer cinco piezas de fruta o verdura cada día si quieres mantenerte con buena salud.

● Debes comer cada día un poco de fruta. Por ejemplo, puedes empezar el día con un zumo de naranja natural o una manzana.

● Con el almuerzo hay que tomar bastante verdura, por ejemplo judías verdes, y de postre más fruta, por ejemplo uvas.

● Con la cena debes tomar mucha verdura o ensalada y, de postre, aún más fruta.

● Para mantenerse en forma también es importante hacer más ejercicio, beber al menos dos litros de agua al día y también debes tomar menos grasas y dulces. No debes picar entre comidas, excepto algo de fruta. ¡Y no olvides dormir lo suficiente!

4 ¡Así se hace! *Giving a presentation*

What do **you** think a healthy diet and lifestyle should consist of? Give a short presentation (1–2 minutes). Follow these steps.

1 Look at the text and adapt some sentences to say what you want to say.
Debes comer cada día un poco de fruta.
Debes comer cada día cinco piezas de fruta.

2 Use the quantity expressions you learnt in Unit 7B and others used in the text.

3 Add more information and give examples: what you eat and don't eat, and how often.

4 Write your presentation in full.

5 Read it aloud to practise the pronunciation.

6 Practise giving your presentation from memory. Remember not to speak too quickly!

You can use some of the expressions in this box.

Voy a hablar sobre la vida sana.
Voy a dar una presentación sobre la comida sana.
Para tener una dieta sana tienes que comer/beber...
Para mantenerse en forma hay que...
Debes tomar bastante...

7D ¿Qué compraste?

- describe a shopping trip in the past
- revise the preterite tense

1 a 📖 **Lee sobre el día de María ayer.**

1
Ayer por la mañana hacía mucho sol, así que decidí ir de compras.

2
Primero, fui a la zapatería. Compré unos zapatos marrones muy bonitos, pero fueron muy caros.

3
Después, fui a los grandes almacenes. Compré una botella de perfume. Pero al salir me caí, ¡y la botella se rompió!

4
Más tarde fui a la frutería y compré mucha fruta. Me encantan las uvas y las naranjas y compré un kilo de las dos. Me lo comí todo, pero después... ¡me dolió mucho el estómago!

5
Por último, fui al quiosco y compré mi revista favorita, que se llama *Superpop*. Pero al salir del quiosco hacía muchísimo viento y... ¡la revista se voló!

6
Mi día de compras fue un desastre, así de camino a casa fui a la farmacia y compré unas aspirinas, porque... ¡me dolía mucho la cabeza!

1 b 📖 **Busca en el texto:**

7 pretéritos
3 tiendas
4 productos
2 expresiones de tiempo
4 expresiones para unir párrafos

1 c 📖 ***Answer the questions in English.***

1 Why did María decide to go on a shopping trip?
2 What did she buy first?
3 What was the problem with the first purchase?
4 Where did she go next?
5 What happened?
6 What did she eat?
7 What was the effect?
8 What did she buy in the newsagent's?
9 What happened to it?
10 What did she have to do in the end to recover from the shopping trip?

2 a 💬 **Fuiste de compras. Habla con tu pareja.**

A ¿Cuándo fuiste?
¿Adónde fuiste?
¿Qué compraste?
¿Cuánto costó?
¿Qué tiempo hacía?
¿Qué problemas hubo?

B Fui de compras...
Fui...
Compré...
Costó...
Hacía...
Fue...

¿Cuándo?	¿Dónde?
ayer	Fui a la zapatería
el sábado pasado	Fui a los grandes almacenes
la semana pasada	Fui a la tienda de ropa

¿Tiempo?	¿Problemas?
Hacía sol	Fue muy caro
Hacía frío	Se rompió
Llovía	Fue demasiado pequeño
Hacía buen/mal tiempo	

2 b ✏️ **Escribe una descripción de un día de compras, real o imaginario. Incluye todos los detalles que puedas.**

Las tiendas — Shops

Las tiendas	Shops
el supermercado	supermarket
la droguería	hardware shop
la farmacia	chemist's
la panadería	bakery
la carnicería	butcher's
la pescadería	fishmonger's
el quiosco	newsagent's
el mercado	market
la tienda de ropa	clothes shop
los grandes almacenes	department store

Los productos — Products

Los productos	Products
las aspirinas	aspirin
el azúcar	sugar
el bistec	steak
los calamares	squid
los dulces	cakes
las gambas	prawns
el jabón	soap
las salchichas	sausages
el salmón	salmon
las tiritas	plasters

Los contenedores — Containers

Los contenedores	Containers
un tubo de pasta de dientes	tube of toothpaste
una caja de té	box of tea
una docena de huevos	dozen eggs
una barra de pan	loaf of bread
un kilo de pollo	1 kg chicken
un medio kilo de salchichas	$\frac{1}{2}$ kg sausages
100 gramos de jamón	100 g ham
un paquete de café	packet of coffee
una lata de Coca-cola	can of Coke

La fruta y la verdura — Fruit and vegetables

La fruta y la verdura	Fruit and vegetables
las naranjas	oranges
las manzanas	apples
las peras	pears
las uvas	grapes
las patatas	potatoes
los tomates	tomatoes
los ajos	garlic
las judías verdes	green beans
los limones	lemons
las cebollas	onions
los pimientos	peppers
las lechugas	lettuce

Un día de compras — A shopping day

Un día de compras	A shopping day
ayer	yesterday
el sábado pasado	last Saturday
la semana pasada	last week
Hacía sol	It was sunny
Hacía frío	It was cold
Llovía	It was raining
Hacía buen/mal tiempo	It was good/bad weather
Fui a la zapatería	I went to the shoe shop
Compré	I bought
Fue	He/she/it was
Hubo un problema	There was a problem
Fue muy caro	It was very expensive
Se rompió	It broke
Fue demasiado pequeño	It was too small

Gramática:

The impersonal se
Prepositions
Expressions of quantity
Demonstrative adjectives
Negative sentences
Hay que/deber

¡Así se hace!

★ Adapting phrases from a text
★ Word derivation
★ Giving a presentation

Cross-topic words

debes – you should
hay que – you have to/it's necessary to
este/ese/aquel – this/that/that one over there

tren, autobús y metro

transporte público

- means of transport
- recognise Latin American words
- use *suelo*...

Barcelona

Tranvía Blau–Tibidabo

Parc Güell

Plaza de España

Sagrada Familia

Plaza de Cataluña

1 📖 **Pilla al intruso.**
Hay varias posibilidades.

1 metro   tren   tranvía   autobús
2 taxi   autocar   coche   autobús
3 tren   autocar   barco   bicicleta
4 tranvía   tren   taxi   autobús
5 avión   taxi   autocar   autobús
6 tren   avión   autocar   taxi

2 a 💿 **Escucha y une los diálogos (1–6) con las fotos.**

Ejemplo: **1 B, A**

A el autobús

B el taxi

C el metro

D el tren

E el tranvía

F el autocar

2 b 💿 ¡extra! **Mira el plano. Escucha otra vez y escribe las direcciones en inglés.**

2 c 💿 ¡extra! *Listen again. How many ways are there to ask for directions?*

Example: **¿Para ir al...?**

3 📖 Lee las descripciones. ¿Quién habla?

Ejemplo: Si voy a otra ciudad no voy en tren. = Cristina

En Buenos Aires hay autobuses (que se llaman 'colectivos')
y hay el metro (que se llama el subterráneo). Los colectivos
y los carros (los coches) tienen muchos problemas
porque hay muchísimo tráfico y muchos accidentes.
El subterráneo es bueno pero no muy extendido.
Suelo tomar un colectivo. Los trenes son muy malos.
Si vas de una ciudad a otra, hay autocares que se llaman
'micros'. Son muy buenos, mucho mejores que los trenes.

Carlos

En Madrid hay de todo: hay el metro con muchas
estaciones, un sistema de autobuses y trenes de todo
tipo. Yo prefiero el metro porque hay una estación de
metro muy cerca de mi casa. Si vas a otra ciudad hay
autocares que van a todas partes de España y son muy
cómodos. Tienen vídeo y se sirven bebidas y comidas.
Pero, si voy a Sevilla, por ejemplo, suelo coger el AVE,
el tren rápido o si estoy con mis padres voy en coche.

Cristina

1 No suelo ir en autobús.

2 Los carros no van rápidamente por el tráfico.

3 Los micros son buenos.

4 El metro es muy práctico para mí.

5 Si voy a Barcelona, por ejemplo, suelo coger el autocar. Me gusta.

6 No tomo mucho el 'subter' porque no va a todas partes de la ciudad.

7 Es mejor no ir en tren.

Gramática: *suelo…* I usually…

Soler + infinitive is used to describe what you usually do:

suelo		I usually
sueles		you usually
suele	+ infinitive	he/she/you usually
solemos		we usually
soléis		you usually
suelen		they/you usually

4 💬 Habla con tu pareja. Contesta a las preguntas.

1 ¿Cómo sueles viajar cuando estás en la ciudad?

2 ¿Cómo sueles ir cuando vas a ver a unos amigos?

3 ¿Cómo soléis viajar si visitáis otra ciudad?

4 ¿Cómo soléis volver a casa si es tarde?

5 ¿Cómo viajáis cuando volvéis de un club?

 **Latin American Spanish**

Cristina uses some words that are not used in Spain. Just as American English is different from British English, Latin American Spanish differs from the language spoken in Spain. In a dictionary, Latin American usage is sometimes marked by *AM*.

● Make a list of the words that Cristina uses that are Latin American.

● Latin Americans do not use the verb *coger* in the sense of taking transport. Which verb does Cristina use instead?

Suelo coger el metro/el tranvía cuando estoy en la ciudad		es más práctico.
No suelo coger el autobús/autocar cuando voy a ver a unos amigos		es más rápido.
Si visitamos otra ciudad solemos coger el tren	porque	es más barato.
Suelo coger un taxi si es muy tarde		es muy lento.
No solemos coger un taxi cuando volvemos de un club		es muy (in)cómodo.
		es demasiado caro.

8B ¿A qué hora sale…?

- understand bus and train timetables
- understand announcements
- form adverbs with -*mente*

1 📖 Mira el horario y contesta a las preguntas.

1 ¿A qué hora sale el primer tren de Girona?
2 ¿A qué hora llega a Barcelona?
3 ¿A qué hora llega a Barcelona el tren de las nueve?
4 ¿Cuánto tiempo dura el viaje del tren que sale a las 10.42?
5 ¿Cuánto cuesta un billete sencillo en el Delta?
6 ¿Cuánto cuesta un billete sencillo en el Catalunya Expres?

Tren	Girona	➡ Barcelona	Precios € (billete sencillo)
Delta	8.22	9.58	5,60
Arco	8.30	9.42	15,00/9,00 niño
Catalunya Expres	9.00	10.13	5,85
Mare Nostrum	10.42	11.42	15,50/9,30 niño
Delta	11.26	12.55	5,60

2 💿 Escucha (1–4). Apunta las preguntas mencionadas.

Ejemplo: **1** b, d

a ¿A qué hora sale el último tren de la mañana?
b ¿A qué hora sale el primer tren?
c ¿A qué hora sale el próximo tren?
d ¿A qué hora llega aproximadamente/exactamente?
e ¿Cuánto tiempo dura el viaje?
f ¿Cuánto cuesta?

¡nuevo!

primer(o) – *first*
último – *last*
próximo – *next*

 Using *con* with prices

Notice that if you have *céntimos* as well as euros, you have to include *con*. For example, 2,50€ = *dos con cincuenta*.

Gramática: adverbs with -*mente* (revision)

Look at the following table:

aproximado	aproximadamente
exacto	exactamente
normal	normalmente
difícil	difícilmente

1 What is the equivalent of -*mente* in English?
2 How do you form Spanish adverbs when the adjective ends in *o*?
3 How do you form Spanish adverbs when the adjective ends in a letter other than *o*?

3 Change the following adjectives into adverbs:

rápido, fácil, cómodo, triste, perfecto, real, silencioso

4 a 📖 **Pon las frases en orden para hacer un diálogo.**

¿A qué hora quiere viajar?

¿Cuándo quiere viajar?

¿Fumador o no fumador?

50€.

A las nueve aproximadamente.

Buenos días. Quiero ir a Madrid.

El martes, 22.

Hay un tren a las nueve y diez.

Muy bien. ¿Cuánto tiempo dura el viaje?

No fumador. ¿Cuánto cuesta?

Tres horas. ¿Quiere un billete sencillo o un billete de ida y vuelta?

Un billete sencillo.

Vale, gracias.

4 b 💬 **Practica los diálogos con tu pareja. Cambia las palabras de 4a.**

1
Quiero viajar el lunes 28 por la tarde. Quiero salir a las tres de la tarde aproximadamente y llegar a las ocho. Quiero un billete de ida y vuelta en un compartimento no fumador.

2
Quiero viajar el domingo 27 por la mañana. Voy a coger el tren a las doce y llegar a la una aproximadamente. Quiero comprar un billete sencillo en un compartimento fumador.

4 c ✏️ ¡extra! **Escribe más diálogos. Usa el modelo. Practica los diálogos con tu pareja.**

¡Así se hace! *Understanding announcements*

Announcements are always extremely difficult to understand (even in your own language). The sound quality is often poor and the announcements are so unpredictable. It helps if you can anticipate the sort of language you are going to hear and then listen out for key words such as:

próximo (next)   *vía* (the platform the train is arriving at)

procedente de (from)   *retraso* (delay)

con destino (to)

1
El tren procedente de Sevilla con destino Valencia va a entrar por vía 3.

2
El tren de las diez con destino Madrid está a punto de salir de la vía 6.

5 a 📖 ***Read the announcements (1–3) and work out what they are about.***

3
El tren de las 8.50 procedente de Valladolid lleva un retraso de cincuenta minutos. Disculpe las molestias.

5 b 💿 **Escucha los anuncios (1–5). Apunta la información.**

	Procedente de	Con destino	Hora	Vía	Observaciones
1	—	Tortosa	17.48	6	Sale dentro de 4 minutos

- describe a journey in the past
- recognise the imperfect tense

1 📖 Lee la carta y contesta a las preguntas en inglés.

1 How did Juan travel on the two occasions?
2 How long did the journeys last?
3 What were the facilities like on each?
4 What are the main advantages of the two forms of transport?
5 What did he do on the second journey?
6 Which does he prefer and why?

Madrid, 2 de mayo

¡Hola!

Gracias por tu carta sobre tu viaje a Roma.
Hace dos años fui a Sevilla en autocar. ¡Mi primera visita y fui solo! Eran las nueve de la noche. Salí de la Estación del Sur de Madrid y llegué a las cuatro de la mañana.

Hacía mucho calor pero había aire acondicionado en el autocar. Los autocares son muy buenos, muy cómodos y mucho más baratos que los trenes. Había vídeo, bebidas, comidas y, muy importante, aseo en el autocar. No había paradas – el autocar era directo. Comí bocadillos y dormí un poco. Cuando llegué a Sevilla hacía un poco de frío y tenía hambre.

La semana pasada fui otra vez a Sevilla en tren con mis padres. Me levanté muy temprano y cogí el AVE de Madrid a las siete de la mañana y llegué dos horas y media más tarde. No había muchos viajeros en el tren. Desayuné en el coche restaurante, vi una película y escuché música.

Hacía mucho sol en Sevilla. El tren es mucho más caro que el autocar, pero es rapidísimo y me gustó muchísimo. Lo bueno es que hay un restaurante y te puedes mover más. Yo prefiero el tren por la rapidez y el confort.

Un abrazo,

Juan

Gramática: the imperfect tense

The imperfect tense describes what something or somebody was like in the past, e.g. what the weather was like or what time it was.

- Pick out the 9 examples in the text and try to work out what they mean.

infinitive	ser	tener	hacer	estar
I	era	tenía	hacía	estaba
you	eras	tenías	hacías	estabas
he/she/it/you	era	tenía	hacía	estaba

Note:
a) *era* becomes *eran* after one o'clock: *eran las dos*.
b) *había* (there was) is the imperfect tense of *hay* (there is).

2 📖 Insert the correct verb in each sentence.

Example: (Había) una cafetería en la estación.

1 _____ la una y media.
2 _____ mucha sed.
3 _____ buen tiempo.
4 _____ solo en la estación.
5 _____ muchos turistas en el tren.
6 _____ sol y mucho calor.
7 _____ frío y mucha hambre.
8 No _____ aire acondicionado en el tren.
9 _____ la una menos cuarto.
10 _____ delante de la estación una hora.

3 a 💿 **Escucha. Une los diálogos (1–4) y los dibujos.**
Sobran dos dibujos.

3 b 💬 **Practica los diálogos. Inventa diálogos para los dibujos que sobran.**

Ejemplo:

3 c ✏️ **Describe un viaje real o inventado.**

8D Un poco de historia

• learn about the history of Spain

1 La historia de España es una historia de conquista. En 206 antes de Cristo llegaron los romanos y se quedaron hasta el siglo quinto (V). Construyeron acueductos, carreteras, anfiteatros y monumentos impresionantes.

1 a 📖 **Lee y une los textos y los dibujos.**

A

B

2 En 408 comenzaron las invasiones germánicas. En 711 los árabes llegaron de África y se quedaron 700 años. Controlaron casi toda España pero en Asturias empezó la reconquista. Había muchas batallas. En 1492 los árabes fueron vencidos por fin y fueron expulsados de España.

3 Los árabes también habían contribuido muchísimo a la arquitectura y cultura de España, lo que es evidente hoy día.

C

4 En 1492 Cristóbal Colón descubrió América y la conquista de las Américas empezó. Colón volvió a España con mucha riqueza, como oro. España era un país muy rico e importante.

D

5 España tenía una flota muy grande y había muchas guerras contra Francia y contra Inglaterra.

E

F

La invasión germánica

La invasión de los árabes

6 Entre 1936 y 1939 había una guerra civil y ganó Franco. El dictador gobernó hasta su muerte en 1975. El Rey Juan Carlos subió al trono.

1 b 📖 **Lee y contesta a las preguntas en inglés.**

1. Approximately how long did the Romans occupy Spain for?
2. What did they leave behind in the way of architecture?
3. How long were the North Africans in Spain?
4. When were they defeated and expelled?
5. What famous historical event happened in the same year?
6. Who won the Spanish civil war and carried on ruling the country for almost forty years?

2 a ✏️ **Write down six examples of plural forms in the preterite tense in Spanish and English.**

Ejemplo: *Los romanos llegaron.* The Romans arrived.

2 b 💬 **Habla con tu pareja. Completa las frases.**

Ejemplo:

A — En 206 antes de Cristo llegaron los...?

B — Romanos

A — ¡Muy bien!

3 ✏️ **Draw a time line to show historic landmarks in Spain's history.** ¡extra! **Research and add other historical events.**

⇕ *206 Antes de Cristo llegaron los romanos.*

El transporte público	**Public transport**
el autobús	bus
el taxi	taxi
el metro	underground
el tren	train
el tranvía	tram
el autocar	coach
el avión	plane
el barco	boat

Opiniones / Opinions

Cojo normalmente el tren porque es más rápido	I normally take the train because it is faster
Suelo ir en tranvía	I usually go by tram
Prefiero el metro porque es más cómodo	I prefer the underground because it is more comfortable
No me gustan los autobuses porque son muy lentos	I don't like buses because they are very slow

En la taquilla / At the ticket office

¿A qué hora sale el tren para Salou?	What time does the Salou train leave?
¿A qué hora llega?	What time does it arrive?
¿Cuánto cuesta un billete sencillo?	How much is a single ticket?
¿De qué andén sale?	What platform does it leave from?
la vía	track (on which train is coming in)

Anuncios / Announcements

El tren procedente de…	The train coming from…
… con destino a…	… going to…
sale del andén 2 dentro de 2 minutos	… is leaving from platform 2 in 2 minutes
… lleva una hora de retraso	… is running an hour late

Gramática:

Soler

Adverbs with -*mente*

Recognising the imperfect tense

¡Así se hace!

★ Understanding announcements

★ Dictionary skills: dealing with words that are spelt the same and have different meanings

Latin American variations (*coche/carro*)

Using *con* with prices

 Cross-topic words

era – *was*

había – *there was*

hacía – *was doing/what the weather was like*

Unidad 7   (¿Problemas? Mira la página 67.)

1 🔘 Escucha (1–4) y rellena el cuadro.

	Destino	Salida	Llegada	Precio	Sencillo/ Ida y vuelta
1	Lisboa	9.30	14.20	60€	sencillo

2 📖 Lee y contesta a las preguntas.

Los tranvías

Hace muchos años había tranvías en muchas ciudades y muchos pueblos. Pero hoy no hay muchos de los antiguos. Hay uno en Barcelona que se llama Tranvía Blau (tranvía azul) que va a Tibidabo. Como este tranvía, los antiguos son normalmente para los turistas. Mira el contraste entre el antiguo y el nuevo.

Había unos problemas con los tranvías. No había mucha flexibilidad y la gente prefería ir en coche o autobús. Pero ahora hay muchos tranvías en muchas ciudades. En Barcelona, por ejemplo, el tranvía es totalmente nuevo. Hay sitio para 218 personas y tiene una velocidad máxima de 70 kilómetros por hora. Es muy sofisticado y hay accesibilidad para personas con movilidad reducida. Son buenos para el medio ambiente: no son ruidosos; no usan gasolina y llevan muchos viajeros.

¿Verdad o mentira?

1 Hay muchos tranvías antiguos en las grandes ciudades.

2 Los antiguos son populares con los turistas.

3 Los antiguos tienen una velocidad máxima de 70 kilómetros por hora.

4 Los modernos son ruidosos.

5 Los tranvías no usan gasolina.

6 Hay buena accesibilidad en los nuevos.

> el medio ambiente – *environment*
> llevar – *carry, transport*

Unidad 8   (¿Problemas? Mira la página 75.)

3 ✏️ Contesta a la carta de Laura.

4 💬 Contesta a las preguntas de tu pareja sobre tus vacaciones.

¿Adónde fuiste?

Fui…

¿Qué hiciste?

Leí…

¿Qué tiempo hacía?

Hacía…

¿Qué había (en Madrid)?…

…

Montevideo, 14 de marzo

¡Hola! Me preguntas sobre el transporte público en Uruguay. En Uruguay, hay una compañía privada de omnibuses. Todos van al centro de Montevideo, la capital, y es difícil ir de una zona a otra. Tomar el omnibús es caro para los pobres. No hay trenes. Desaparecieron en los años 80.

No hay vuelos directos entre Europa y Uruguay. No hay demanda y la seguridad no es suficiente. Argentina está al lado. Hay que volar a Buenos Aires que está a 20 minutos.

¿Cómo es el transporte público en tu pueblo? ¿Es caro o barato? ¿Hay muchos trenes y autobuses? ¿Hay un metro o tranvía? ¿Hay un aeropuerto cerca de tu casa? ¿Adónde van los aviones?

Un abrazo,

Laura

El ferrocarril en Cuba

Había trenes en Cuba antes que en España. En 1837 se presentó el primer ferrocarril español con una longitud de 17 kilómetros, sólo 8 años después del primer viaje del 'Rocket' de George Stephenson. Cuba era el primer país de América Latina con trenes. Cuba tiene un parque de cerca de mil locomotoras para transportar la caña de azúcar. 286 son locomotoras de vapor. La locomotora usa combustible vegetal muy barato. Usar combustible vegetal significa que no es necesario importar petróleo.

Los precios en el mercado azucarero son tal que se usan menos las locomotoras. Se usan mucho ahora para el turismo. La locomotora en funcionamiento más antigua del mundo se llama Rosario que tiene más de 120 años, construida en 1878. Se ha usado en muchas películas.

Quiz

1 Había locomotoras primero en
a Cuba.
b España.
c Inglaterra.

2 Se usaban al principio las locomotoras para el transporte de
a caña de azúcar.
b turistas.
c combustible vegetal.

3 Se usan menos las locomotoras porque
a son muy caras.
b hay menos demanda en la industria azucarera.
c los turistas quieren usarlas.

Solución   1c 2a 3b

el ferrocarril – *railway*
la caña de azúcar – *sugar cane*
el combustible vegetal – *vegetable-based fuel*
los precios – *prices*

9 Los medios de comunicación

9A ¿Qué medio de comunicación prefieres?

- say what media you like and why
- use comparatives and superlatives

1 a 💿 **Escucha y lee.**

> Hola, Pilar. ¿Qué haces?

> ¿Qué tal, Marina? Pues mira, estoy viendo la cartelera. Me gustaría ir al cine esta tarde.

> ¿El cine? Uf, a mí no me gusta nada. Me parece aburridísimo porque no puedes hablar con tus amigos. Yo prefiero la televisión. Es genial.

> ¿Ves mucho la tele?

> Pues bastante, dos o tres horas al día. ¿Y tú?

> Yo no. A mí no me gusta la tele, creo que los programas son muy malos. Yo prefiero escuchar la radio. Me gustan mucho los programas de música como los Cuarenta Principales y también los debates. Es lo más interesante.

> ¿Los debates? ¡Qué rollo! Yo prefiero Internet. Me gusta chatear con mis amigos por messenger, o leer las noticias por Internet.

> ¿Las noticias? Para mí, es mucho mejor leer las noticias en un periódico.

> ¡A mí también me gustan las revistas!

> ¡Uy, no! Los periódicos me parecen de lo más aburrido. Yo prefiero las revistas.

> ¡Vaya! ¡Por fin estamos de acuerdo en algo!

1 b 📖 **Copia y rellena el cuadro con los medios de comunicación que se mencionan. ¿Les gustan o no?**

Medio de comunicación	Opinión de Pilar	Opinión de Marina
cine		

2 💬 **Habla con tu pareja. ¿Qué le parecen los medios de comunicación? ¿Por qué?**

Ejemplo: **A** ¿Qué te parecen las revistas?
B Me gustan mucho. Son geniales.

¿Qué te parece(n)... ?	👍	👎
el cine	Me encanta(n)	No me gusta(n) nada
la televisión	Me apasiona(n)	Lo(s)/la(s) odio
la radio	Es/son genial(es)	Es/son muy aburrido(s)/a(s)
Internet	Me gusta(n) mucho	Los programas son muy malos
los periódicos	Es lo que más me gusta	Creo que es/son
las revistas	Creo que es interesante	un rollo
	educativo	un desastre
	divertido	demasiado caro(s)/a(s)
	Creo que son emocionantes	
	baratos/as	
	aburridos/as	

Gramática: comparatives and superlatives

... es más (adjective) que...	... is more... than...
... es menos (adjective) que...	... is less... than...
... es el más (adjective) (de...)	... is the most... (in...)
... es el menos (adjective) (de...)	... is the least... (in...)

La televisión es **más divertida que** la radio.

Internet es **menos educativo que** los periódicos.

El cine es **el medio de comunicación más emocionante**.

Las revistas son **el medio de comunicación menos interesante**.

3 a *Read the sentences. Which are true for you? Change the ones which are not.*

1 En mi opinión, la televisión es más interesante que los periódicos.

2 Para mí el medio de comunicación más divertido son las revistas.

3 Escuchar la radio me gusta menos que ver la televisión.

4 Creo que las revistas son más caras que el cine.

5 Me parece que Internet es más educativo que los periódicos.

3 b *Write six more sentences giving your opinion.*

4 a **Lee la entrevista con la estrella de cine Almudena Ibáñez. Une los párrafos con los títulos.**

1 Las noticias

2 Despedida

3 Introducción

4 La opinión de Almudena sobre el cine

5 Su opinión sobre la televisión

6 Su opinión sobre la radio

4 b **Busca las expresiones comparativas y superlativas en el texto.**

4 c **Contesta a las preguntas en inglés.**

1 Does Almudena like the cinema? What does she not like to watch?

2 What director and film does she mention?

3 Why does she not like Spanish TV?

4 How does she keep up with the news?

A Almudena Ibáñez es la nueva revelación del cine español. Con sólo diecinueve años, ha participado en seis películas. La última de ellas, *Un salto al más allá*, ha sido nominada al Óscar a la mejor película de habla no inglesa. Almudena, éste ha sido un año muy bueno para ti, ¿no?

Sí, ha sido estupendo. He trabajado muchísimo y en películas fantásticas.

B Y ¿tienes tiempo para relajarte?

Pues no mucho, la verdad.

¿Y qué haces en tu tiempo libre? ¿Te gusta el cine?

Sí, me encanta. Creo que el cine es más divertido que la televisión. ¡Pero no me gusta ver mis películas! Me encanta el cine español, por ejemplo los directores como Amenábar. Su película *Los otros* es fantástica, en mi opinión. Para mí los directores españoles son más creativos que los ingleses.

C ¿Y te gusta la televisión?

No me gusta mucho la televisión española, porque hay demasiados anuncios. Creo que hay más variedad en la televisión inglesa.

D ¿Y escuchas la radio?

Sí, todo el tiempo. Cuando voy en mi coche escucho música y por las noches a veces escucho los debates. Muchas veces son muy interesantes, aunque para mí la música es más entretenida.

E ¿Cómo te mantienes al tanto de las noticias? ¿Lees periódicos?

La verdad es que no, porque no tengo tiempo. Normalmente leo las noticias en Internet, cuando me conecto para chatear con mis amigos. Internet es más rápido que leer los periódicos.

F Pues ya vemos que tienes una vida de lo más ocupada. Muchas gracias por tu tiempo.

Muchas gracias.

de habla – *in the... language*

relajarse – *to relax*

entretenida – *entertaining*

mantenerse al tanto – *to keep up to date*

9B La televisión

- talk about TV programmes
- give reasons for liking a programme
- reach an agreement on what to watch

1 a 📖 **Mira la programación de la televisión. Busca las palabras.**

1 debate
2 documentary
3 film
4 news programme
5 quiz show
6 series
7 soap opera
8 weather forecast

TVE1

18:00 Noticias

18:30 Los Simpson

19:00 Concurso: Gran Hermano

21:00 Película: La Roca

24:00 Serie: Expediente X

TVE2

17:30 Concurso: El precio justo

19:00 Documental: El África Occidental

21:00 Noticias

22:00 Debate: La clonación

Antena3

18:00 Noticias

18:30 Telenovela: Paso Adelante

20:30 La cocina de Arguiñano

21:30 Película: Piratas del Caribe

24:00 Serie: CSI

Canal+

18:00 Serie: Friends

19:00 La cartelera

20:00 Noticias

20:30 Serie: Los mejores años de nuestra vida

21:00 Estreno: El retorno del Rey

Tele5

18:00 Salsa rosa

19:00 Telenovela: Machos

20:00 Las noticias de la 5

20:50 El tiempo

21:00 Documental: Historia de España

22:30 Cine Español: La Regenta

1 b 📖 **Lee la programación otra vez. Contesta a las preguntas.**

1 ¿En qué canal ponen una serie a las 12 de la noche?
2 ¿A qué hora ponen la película *La Roca*?
3 ¿Cómo se llama el documental que ponen en TVE2?
4 ¿Qué nueva película ponen en Canal+?
5 ¿A qué hora ponen una telenovela en Tele5?
6 ¿Cómo se llama el concurso de TVE2?
7 ¿En qué canal ponen un documental sobre la historia de España?
8 ¿A qué hora pone Antena3 un programa de cocina?

2 💿 **Escucha (1–5). Copia y rellena el cuadro.**

	Programa	Canal	Hora
1			
2			

¡Así se hace! *Dictionary skills*

Some words in Spanish are spelt the same but have different meanings. Always make sure you find the correct meaning in the dictionary. The different meanings and usage are usually shown by (a), (b), etc. and by help in brackets.

- Translate the following sentences:

  La estación está cerca.

  ¿Qué estación del año te gusta más: la primavera o el verano?

  Este aeropuerto está en el este.

- How many meanings can you find for *concurso*? Make up some sentences that show the different senses.

3 a 💬 Mira los dibujos. Habla con tu pareja.

Ejemplo:

A Me gustaría ver la tele. Tú, ¿qué crees?

B No estoy de acuerdo, pienso que es mejor ir al cine. ¿Qué piensas?

A Vale.

3 b 🖉 Escribe las conversaciones de 3a.

3 c 🖉 Escribe tu propia conversación. Incluye todos los detalles que puedas. Usa un diccionario si es necesario.

¡Así se hace! *Discussing and agreeing*

One very important skill is discussing your opinions and finally being able to reach an agreement after listening to somebody else's arguments. Here are some useful phrases:

Giving your opinion	Asking somebody else's opinion	Expressing a different point of view	Reaching an agreement	Agreeing
En mi opinión...	Tú, ¿qué crees?	No estoy de acuerdo	Bueno, entonces vamos a...	Vale
Para mí...	¿Qué piensas?	Creo que es mejor...	Podemos...	De acuerdo
Creo que...	¿Qué prefieres?	No, yo prefiero...	Si quieres...	Muy bien
Me gustaría...	¿Prefieres... o...?	No quiero...		
Pienso que...	¿Qué te gustaría?			
Me parece que...				

- talk about films and your opinions on them
- arrange to meet to go to the cinema

1 a 📖 **Une las frases con los dibujos.**

A una comedia

B una película de acción

C una película de aventuras

D una película de ciencia ficción

E una película de dibujos animados

F una película de guerra

G una película de suspense

H una película de terror

I una película del oeste

J una película romántica

1 b 💿 **Escucha (1–10). Escribe la letra.**

Ejemplo: **1 C**

2 a ✏️ **Escribe tus opiniones sobre los diferentes tipos de películas.**

Ejemplo:

Me encantan las películas de acción porque son entretenidas y rápidas.

No me gustan las películas de dibujos animados porque son infantiles y tontas.

2 b 💬 **Habla con tus parejas.**

Ejemplo:

A ¿Qué tipo de película prefieres?

B Prefiero las películas de aventuras.

A ¿Por qué?

B Porque son emocionantes.

+	−
Me gustan (mucho)	No me gustan (nada)
Me encantan	No soporto
Me apasionan	Odio
Adoro	No aguanto
	Detesto
las películas de aventuras	las películas del oeste
porque son...	porque...
divertidas	son aburridas
emocionantes	son lentas
fantásticas	son infantiles
entretenidas	son insoportables
tiernas	son tontas
rápidas	dan miedo
inteligentes	

2 c ✏ ¡extra! **Escribe las opiniones de tus parejas.**

Ejemplo: **A Mary le gustan las películas de terror porque son entretenidas y dan miedo.**

(No) le gustan	No soporta
Le encantan	Odia
Le apasionan	No aguanta
Adora	Detesta

Gramática: *conmigo, contigo*

The preposition *con* (with) has an irregular form when it appears in front of the personal pronouns 'me' and 'you'.

conmigo	with me
contigo	with you
but	
con él	with him
con ella	with her
etc.	

3 a 📖 **Lee la conversación. Busca las expresiones:**

1 at the door of the cinema
2 Do you fancy coming to the cinema with me this afternoon?
3 if you want
4 OK
5 They're showing a very good romantic film.
6 till later then
7 we can see
8 What do you want to see?
9 What time?
10 Where shall we meet?

Hola, Pablo.
Hola, María. ¿Qué tal?
Muy bien. Oye, ¿te apetece venir al cine conmigo esta tarde?
Bueno, ¿qué quieres ver?
Ponen una película romántica muy buena.
Oh, no, no me gustan nada las películas románticas. Podemos ver una película de aventuras, si quieres.
Vale, ¿a qué hora?
A las ocho y media.
¿Dónde nos encontramos?
En la puerta del cine.
¡Fantástico! Hasta luego entonces.
Adiós.

3 b 💬 **Escribe otra conversación como en 3a. Practícala con tu pareja. Usa el cuadro.**

¿Quieres / ¿Te apetece / ¿Te gustaría	venir al cine conmigo	esta tarde? / mañana? / el fin de semana?

No, gracias.

Bueno. / Vale. / ¿Qué quieres ver? / ¿Qué ponen? / ¿Qué te gustaría ver?

Ponen una película romántica muy buena. / Hay una película de dibujos animados.

Vale, ¿a qué hora nos encontramos?

A las seis/siete/ocho y media.

No, odio las películas de dibujos animados. / Prefiero ver una película de acción. / Podemos ver una película de aventuras.

¿Dónde nos encontramos?

En mi casa. / En la puerta del cine. / Delante del cine. / Detrás del parque. / En la parada del autobús. / Cerca del parque.

9D Mis novelas favoritas

- practise extended reading
- practise imaginative writing

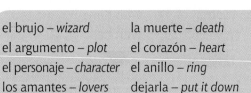  

A   B   C   D

1 📖 **Une las reseñas con las novelas. Usa un diccionario si es necesario.**

el brujo – *wizard*	la muerte – *death*	casarse – *to get married*
el argumento – *plot*	el corazón – *heart*	reír – *to laugh*
el personaje – *character*	el anillo – *ring*	llorar – *to cry*
los amantes – *lovers*	dejarla – *put it down*	

2 💬 **Habla con tu pareja.**

A	B
¿Cuál es tu novela favorita?	Mi novela favorita es…
¿Quién es el autor?	El autor/la autora es…
¿De qué trata?	Trata de un hombre/ una mujer/un niño que…
	Trata de la historia de…
	Trata de la guerra entre…
¿Dónde tiene lugar?	Tiene lugar en…
¿Quiénes son los personajes?	Los personajes son…
¿Por qué es tu novela favorita?	Es mi novela favorita porque…

3 ¡**Así se hace!** *Writing longer sentences*

When writing or talking about a book or film you like, think about the following basic questions:

What?   Where?   Who?   Why?

This will be the structure of your review. Then make up longer, more complex sentences. Use connectors such as:

Lo mejor/peor es que…	The best/worst thing is that…
Me gusta porque…	I like it because…
Es una novela que muestra…	It is a novel which shows…
Sin embargo	However
mientras que	while, whereas
un chico que busca a alguien	a boy who is looking for somebody
con quien compartir (…)	to share (…) with

• ✏️ **Escribe una reseña sobre tu novela o película favorita. Usa la información de arriba y también del cuadro de al lado.**

1
La historia del aprendiz de brujo Harry Potter que va a la escuela de brujería para perfeccionar sus habilidades y se enfrenta a muchas aventuras.
Te encantará el argumento emocionante y los personajes fascinantes.

2
En esta obra de teatro clásico los dos amantes más famosos de la historia sufren un destino trágico que termina con la muerte de los dos. Una obra perfectamente construida y con personajes que ganarán tu corazón.

3
Esta fantástica novela cuenta la historia de la Tierra Media y la lucha por destruir el Anillo de Poder. Frodo deberá llevar el anillo al Monte del Destino con la ayuda de Sam, mientras Gandalf lucha con los hombres y elfos por la salvación del mundo. No podrás dejarla.

4
La historia de una mujer de treinta y dos años que busca un hombre con quien casarse, pero no consigue encontrar al hombre perfecto.
Esta novela en forma de diario te hará reír y llorar al mismo tiempo.
Ahora una película de gran éxito.

La novela… del autor/de la autora… es la historia de…	La película… del director/de la directora… es la historia de…
Los personajes son…	El/la protagonista es…
El argumento es…	El argumento es…
El final es…	El final es…
Lo mejor es…	Lo mejor es…
Es una novela…	Es una película…

Los medios de comunicación	The media
el cine	cinema
la televisión	TV
la radio	radio
Internet	internet
los periódicos	newspapers
las revistas	magazines

Los programas	Programmes
el debate	debate
el documental	documentary
la película	film
las noticias	news programme
el concurso	quiz show
la serie	series
la telenovela	soap opera
el tiempo	weather forecast
¿En qué canal ponen la serie?	On which channel do they show the series?
¿A qué hora pone Antena 3 el programa de cocina?	What time does Antena 3 show the cookery programme?

Las películas	Films
una comedia	comedy
una película de acción	action film
una película de aventuras	adventure film
una película de ciencia ficción	sci fi film
una película de dibujos animados	animated film
una película de guerra	war film
una película de suspense	thriller

una película de terror	horror film
una película del oeste	western
una película romántica	romantic film

Una invitación al cine	An invitation to the cinema
¿Quieres... ?	Do you want... ?
¿Te apetece... ?	Do you fancy... ?
¿Te gustaría... ?	Would you like... ?
venir al cine conmigo	to come to the cinema with me
esta tarde	this afternoon
mañana	tomorrow
el fin de semana	at the weekend
¿Qué quieres ver?	What do you want to see?
¿Qué ponen?	What are they showing?
¿Qué te gustaría ver?	What would you like to see?
¿A qué hora nos encontramos?	What time shall we meet?
A las seis	At 6
¿Dónde nos encontramos?	Where shall we meet?
En mi casa	At my house
En la puerta del cine	At the door of the cinema

Una reseña	A review
la novela	novel
el autor/la autora	author
Es la historia de...	It's the story of...
Los personajes son...	The characters are...
El argumento es...	The plot is...
El final es...	The ending is...
Lo mejor es...	The best thing is...
Es una novela...	It is a... novel

Gramática:

Comparatives and superlatives
Conmigo, contigo

¡Así se hace!

★ Discussing and agreeing

★ Writing longer sentences

Cross-topic words

me apasiona – *I love*
detesto – *I detest*
no aguanto/soporto – *I can't stand*
conmigo – *with me*
contigo – *with you*
trata de... – *it's about...*

10 ¡De fiesta!

10A Calendario de fiestas

- learn about different festivals in the Spanish calendar
- use *se* to avoid the passive

Fiestas de España

enero	febrero	marzo
1 Año Nuevo 6 Los Reyes	28 día de Andalucía	19 día del Padre

abril	mayo	junio
Semana Santa, Feria de Sevilla	1 día de la Madre	24 día de San Juan

julio	agosto	septiembre
7 San Fermín	15 Feria de Málaga	

octubre	noviembre	diciembre
12 día de la Hispanidad	1 día de Todos los Santos 2 día de Todos los Difuntos	8 día de la Inmaculada 24 Nochebuena 25 Navidad 31 Nochevieja

1 📖 **Lee el calendario de fiestas importantes de España. ¿Verdad (V) o mentira (M)?**

1 Hay tres fiestas en diciembre.
2 El mes que no tiene fiesta es julio.
3 El día de Andalucía se celebra el 28 de marzo.
4 La Semana Santa es normalmente en abril.
5 El día de la Madre y del Padre son diferentes que en Gran Bretaña.
6 El día de la Hispanidad se celebra en noviembre.
7 Se mencionan tres fiestas en enero.
8 *Christmas* se dice Navidad en español.

2 a 📖 **Une las frases con los dibujos.**
(What clues did you use to help you?)

a Se toma una gran cena con toda la familia.
b Se toman las uvas de la suerte.
c Se dan regalos a los padres.
d Se dan regalos a las madres.
e Hay procesiones con imágenes de Jesucristo.
f Se llevan trajes de flamenco.
g Se quema una imagen de Judas.
h Hay carreras de toros por las calles.
i Se recuerda a los familiares que se han muerto.
j Se recuerda la llegada a América de Cristóbal Colón.

2 b 📖 **¿Qué se hace en las fiestas?**
Une el español y el inglés.

1 A big dinner is eaten with all the family.
2 An effigy of Judas is burnt.
3 Dead relatives are remembered.
4 Flamenco dresses are worn.
5 Presents are given to fathers.
6 Presents are given to mothers.
7 The arrival in America of Christopher Columbus is remembered.
8 The grapes of luck are eaten.
9 There are bull runs in the streets.
10 There are processions with effigies of Jesus Christ.

Gramática: avoiding the passive

- Look at **2a** again. What is the first word in most of the Spanish sentences?

  To say that something is done, you use:

  se + third person singular of the present + singular noun
  se + third person plural of the present + plural noun

  Examples: A big meal is eaten.   *Se come una gran comida.*
  Presents are given.   *Se dan regalos.*

3 a *Translate these sentences into Spanish.*

  1 Special meals are prepared.
  2 Sweet wine is drunk.
  3 Special clothes are worn.
  4 Flamenco is danced in the streets.

3 b ¿Qué se hace en las fiestas en Gran Bretaña? Habla con tu pareja.

  A ¿Qué se hace en el día de la Madre?
  B Se dan regalos a las madres.

El día de la Madre	Se comen 'pancakes'.
El día del Padre	Se dan regalos a las madres.
Navidad	Se dan regalos a los padres.
Nochevieja	Se quema una imagen de Guy Fawkes.
Bonfire Night	Se toma una comida especial.
Pancake Day	Se va a fiestas.

4 a Escucha y lee. Escribe una lista de las fiestas. ¿Qué se hace?

Ejemplo: **En San Fermín se come y se bebe mucho.**

Hoy entrevistamos a Eduardo Mendiola que es un experto en fiestas y festivales en España.

Dime, Eduardo, ¿cuál es tu fiesta preferida en España?
  Bueno, a mí me encanta San Fermín.

¿Y qué se hace en San Fermín?
  Pues, se come y se bebe mucho y hay carreras de toros por las calles.

¿Y la Feria de Sevilla? ¿Qué se hace?
  La gente lleva trajes de flamenco y se bailan muchas sevillanas. ¡Es fantástico!

¿Y el día del Padre? ¿Es como en Gran Bretaña?
  Bueno, sí, se dan regalos a los padres como en Gran Bretaña, pero se celebra el 19 de marzo y eso es diferente.

¿Y qué pasa en Semana Santa?
  Pues, hay procesiones donde se llevan imágenes de Jesucristo o de la Virgen María y hay nazarenos, tambores e incienso.

¿Y qué pasa la noche de San Juan?
  Hay fiestas por todas partes con mucho fuego y comida y bebida. Se quema una imagen de Judas.

Similar a nuestra 'Bonfire Night' entonces. Y dime, ¿qué pasa el día de Todos los Difuntos?
  Pues, la gente recuerda a sus familiares muertos. Mucha gente va a los cementerios a llevar flores y la gente religiosa va a misa.

¡Cuántas fiestas hay!
  Sí, es genial, ¿verdad?

Sí, es fantástico. Muchas gracias, Eduardo.
  De nada. Hasta pronto.

nazarenos – *penitents*

4 b Escribe sobre otra fiesta en Gran Bretaña o en otro país. ¿Qué se hace? Usa la entrevista de 4a como modelo.

Ejemplo: **En Irlanda en el día de St Patrick se bebe Guinness.**

10B ¡Feliz Navidad!

- **learn about Christmas traditions in Spain**
- **revise the preterite tense**
- **practise extended reading and writing skills**

1 a 💿 Lee y escucha. Busca las palabras:

1 Christmas	**5** dinner
2 Christmas Eve	**6** Christmas tree
3 church	**7** parties
4 turkey	**8** presents

1 **Paul** **Enrique**

¡Hola, Enrique!

Hola, Paul ¿Qué tal?

PAUL: Fantástico. Éstas son mis primeras Navidades en España. ¿Qué pasa aquí? ¿Cuándo es la cena con la familia?

ENRIQUE: Es el 24 de diciembre, el día de Nochebuena. Toda la familia se reúne para comer y después algunas familias van a la iglesia, a la Misa del Gallo, a las doce de la noche.

2

PAUL: ¿Y qué se come en la cena?

ENRIQUE: Pues, depende. Es muy tradicional el pollo o el pavo y de postre se toman turrones y mantecados, que son postres hechos con almendra.

PAUL: ¿Qué ornamentos se ponen en la casa?

ENRIQUE: Lo más típico es un belén, aunque muchas familias también tienen un árbol de Navidad.

3

PAUL: ¿Y el día de Navidad? ¿Se dan los regalos?

ENRIQUE: No, el día de Navidad, el 25 de diciembre, es un día bastante tranquilo.

PAUL: ¿Y cómo se celebra el Año Nuevo?

ENRIQUE: El día 31 de diciembre se hace algo muy diferente. Se cena con la familia y a las doce se toman las doce uvas con las doce campanadas del reloj.

4

PAUL: ¡Qué raro! ¿Y después?

ENRIQUE: Mucha gente va a fiestas.

PAUL: ¿Y cuándo se dan los regalos?

ENRIQUE: Los traen los Tres Reyes Magos, el día 6 de enero. El día 5 de enero hay una procesión de los Reyes en las ciudades y los pueblos.

5

ENRIQUE: Creo que eso es todo. ¡Disfruta tus primeras Navidades en España!

PAUL: ¡Muchas gracias! ¡Eso espero!

1 b 📖 Busca los sustantivos (*nouns*) y ponlos en las cuatro categorías. ¿Cómo sabes dónde ponerlos?

Masculino singular	Masculino plural	Femenino singular	Femenino plural
día	turrones	cena	Navidades

1 c 💿 **Lee y escucha otra vez. Contesta a las preguntas en inglés.**

1 When is the main family meal in Spain?
2 What is eaten traditionally?
3 What are the two most common decorations in the house?
4 What happens on New Year's Eve?
5 When are presents exchanged?
6 Who brings the presents?
7 What happens on the fifth of January?

♻️ **Gramática: the preterite of *estar***

Check back to page 29 for the preterite tense stem of *estar*. See also page 144 of the grammar section. For more preterite verbs, look back at page 24.

2 a 💬 **Entrevista a tu pareja. Usa el cuadro.** ▶

2 b ✏️ **Escribe un párrafo. ¿Qué hizo tu pareja?**

Ejemplo: Mi pareja comió... con... Regaló... Recibió...

1 ¿Dónde comiste la cena de Navidad el año pasado?	Comí la cena de Navidad en mi casa en la casa de mis tíos en un restaurante
¿Con quién?	Con mi familia mis amigos
2 ¿Qué comiste?	Comí pavo y patatas pescado con verduras legumbres y ensalada
3 ¿Qué regalos recibiste?	Recibí unos CDs ropa dinero libros maquillaje
4 ¿Qué regalaste?	Regalé un perfume a mi madre una camiseta a mi hermano
5 ¿Dónde estuviste en Nochevieja?	Estuve en mi casa en una fiesta con mis amigos en el centro de la ciudad con mis hermanos

15 de enero

¡Hola, Alison!

¿Qué tal? Después de las Navidades, te escribo para decirte lo que hice.

El día 24, Nochebuena, cené con mis padres, hermanos, tíos y primos. Comimos pollo con verduras y patatas. De postre, tomamos turrón, mantecados y fruta. ¡Qué rico!

A las doce fuimos a la Misa del Gallo en mi iglesia. Cantamos muchos villancicos. Fui con mi madre y mis hermanos.

El día de Navidad no hice mucho: comí con mi familia, vi la tele y por la tarde salí con mis amigos al centro.

El día de Nochevieja, el 31 de diciembre, fue muy divertido. Por la tarde dormí una siesta para estar preparada. Por la noche cenamos tarde, a las diez. Cenamos cordero asado. ¡Estaba riquísimo! A las doce, tomamos las doce uvas con las campanadas y después bebimos champán. A la una, mis amigos y yo fuimos a una discoteca hasta las cinco de la mañana. ¡El día 1 de enero dormí hasta las 12!

El día 5 de enero fui a la procesión de los Reyes Magos con mi hermana Isabel. ¡Fue fantástico!

El día 6 de enero me levanté muy temprano para abrir mis regalos. Recibí varios CDs y un discman, una camiseta y una falda muy bonitas, unos libros y dinero. Me gustaron mucho.

¿Y tú? ¿Qué hiciste en las Navidades? Escríbeme pronto.

Un abrazo,

Paula

villancicos – *Christmas carols*
cordero asado – *roast lamb*

3 📖 **Lee la carta y elige la respuesta correcta.**

1 Paula cenó el día 24
 a con sus amigos.
 b con sus padres.
 c con toda su familia.

2 Paula cenó
 a pollo.
 b pavo.
 c pescado.

3 El día 25 Paula
 a cenó en casa.
 b salió por la tarde.
 c se quedó en casa todo el día.

4 Después de tomar las uvas, Paula
 a vio la televisión.
 b fue a una discoteca con sus amigos.
 c se fue a la cama.

10C El Carnaval

- understand longer texts
- recognise and use the imperfect and preterite tenses

 La Voz de

¡Se acabó el Carnaval

1 a 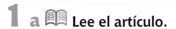 Lee el artículo. ▶

1 b Une el español con el inglés.

1	carnaval	**a**	carnival
2	bailaron	**b**	celebrations
3	desfiles	**c**	drums
4	uruguayo	**d**	hats
5	tambores	**e**	multicoloured costumes
6	resonaron	**f**	neighbourhoods
7	barrios	**g**	parades
8	trajes multicolores	**h**	resounded
9	sombreros	**i**	they danced
10	celebraciones	**j**	Uruguayan

cuerdas – *groups of drums*
llamadas – *drums parade*

♻ **Gramática:** **the imperfect and preterite tenses**

The preterite normally reports individual actions or events in the past, which are clearly finished.

The imperfect tense gives background information or description or describes repeated actions.

(◄◄ pp. 24 and 72)

Imperfect		Preterite	
llevar	**comer**	**llevar**	**comer**
llevaba	comía	llevé	comí
llevabas	comías	llevaste	comiste
llevaba	comía	llevó	comió
llevábamos	comíamos	llevamos	comimos
llevabais	comíais	llevasteis	comisteis
llevaban	comían	llevaron	comieron

Example:

Ayer, compré un disco compacto Yesterday, I bought a CD.
Hace años, compraba casetes Years ago, I used to buy cassettes.

1 c *Read the text in 1a again. Make a list of verbs in the imperfect and preterite tenses.*

Imperfect	Preterite
hacía	vimos

1 d *Look at the following sentences. Should the verbs be in the imperfect or the preterite? Explain why. Translate them into Spanish.*

1 The weather was good last week.
2 We ate typical food at the Carnival last year.
3 My friend and I danced for three hours.
4 The musicians wore green costumes at the Carnival.
5 The city was very pretty.
6 It was a fantastic party.

Uruguay ◆

Otra vez acaban las celebraciones del Carnaval de Montevideo, la capital de Uruguay. El sábado pasado vimos los dos desfiles por la avenida principal de Montevideo. Hacía un tiempo magnífico: calor y nada de viento.

El Desfile de las Llamadas fue espectacular este año. El carnaval uruguayo presenta grandes influencias de la música africana y el Desfile de las Llamadas es un buen ejemplo. Las 10 cuerdas de tambores, con unos 30 o 40 tambores por cuerda, resonaron por las calles de Montevideo mientras los grupos caminaban por las calles. Los tambores tocaron el ritmo típico uruguayo, el candombe, sobre todo por los barrios de mayor población negra. Los músicos llevaban trajes multicolores y sombreros con ornamentos.

Después de las Llamadas, los uruguayos bailaron en las calles hasta altas horas de la madrugada. Un año más, el carnaval fue una magnífica celebración.

1 e 📖 Contesta a las preguntas en inglés.

1 In which country did this carnival take place?
2 What is the capital city of the country?
3 What happens in the main avenue?
4 What is the main parade called in Spanish?
5 What happens during the parade?
6 How many drums in total sound at the same time?
7 What culture has influenced this music?
8 What is the typical Uruguayan rhythm called?
9 What do the drummers wear?

2 💿 Escucha (1–6). ¿Se usa un imperfecto (I) o un pretérito (P)?

- Los Reyes
- La fiesta de la Independencia
- La Pascua
- Las Fiestas Patrias
- El día del Corpus Christi
- La Feria de Málaga

3 ✏️ Mira los dibujos. Escribe el reportaje de las fiestas. Usa el vocabulario en el cuadro. ¡Cuidado! No necesitas todas las palabras.

Hacía sol	La gente llevaba trajes de flamenco
Hacía frío	Lo pasé fantástico
Comí pasteles	Lo pasé bien
Comí pescado	Hacía viento
Bebí vino	La gente bailaba en las calles
Vimos la procesión	Había fuegos artificiales
Comí carne	Fui al sur de España
Fui a Chile	Fui al norte de Argentina

4 ✏️ ¡extra! Busca información en Internet sobre un festival en España o Latinoamérica. Escribe un artículo sobre el festival. Contesta a las preguntas.

¿Dónde fue?
¿Cuándo fue?
¿Cuánto tiempo duró?
¿Qué ropa llevaba la gente?
¿Qué tiempo hacía?
¿Qué comió y bebió la gente?
¿Qué actividades había?
¿Te gustaría ir el año próximo?

A

FERIA DE SEVILLA

B

CHILE

DICIEMBRE 31

10D Las fiestas en Gran Bretaña

- describe experiences in the past
- write longer texts

1 📖 **¿Qué hizo el chico en *Bonfire Night*? Une los dibujos con las frases.**

1 Llegué del colegio a las cinco.
2 Me quité el uniforme y me puse unos vaqueros y un jersey.
3 A las seis encendimos la barbacoa.
4 Mis amigos llegaron a las seis y media.
5 Encendimos la hoguera a las siete.
6 Comimos hamburguesas y patatas asadas.
7 Mi padre tiró fuegos artificiales.
8 Hacía mucho frío.
9 Lo pasé fantástico.
10 Me acosté a las doce y media.

2 a 💿 **Escucha. ¿Qué hizo la chica en *Bonfire Night*? ¿Verdad (V) o mentira (M)?**

1 Llegué a casa a las siete.
2 Encendimos la barbacoa a las cuatro y media.
3 Cocinamos hamburguesas y perritos calientes.
4 Encendimos la hoguera a las seis.
5 Tiramos fuegos artificiales durante una hora.
6 Mis amigos vinieron.
7 Mis padres invitaron a sus amigos.
8 Lo pasé fatal.
9 Hacía calor.
10 Llovió mucho.
11 Me acosté a la una.

¡extra! **Corrige las frases falsas.**

2 b 💿 **Escucha otra vez. Copia las frases y rellena los espacios en inglés.**

Last year on Bonfire Night I arrived home at
(1)_____. I put on (2)_____ and
a (3)_____. We lit the barbecue at
(4)_____. We cooked (5)_____
and baked (6)_____. We set off fireworks
for an hour and a half, from (7)_____ to
(8)_____. We invited (9)_____
and also (10)_____. My friends didn't
come because they were at (11)_____.
I had a (12)_____ time. It was cold and
it also (13)_____ so we didn't
(14)_____ but we did (15)_____.
I went to bed very late, at (16)_____.

3 💬 **Pregunta a tu pareja.**

1 ¿Adónde fuiste en *Bonfire Night*?
2 ¿A qué hora empezó la fiesta?
3 ¿Qué comiste?
4 ¿Qué bebiste?
5 ¿Con quién celebraste?
6 ¿Tirasteis fuegos artificiales? ¿A qué hora?
7 ¿A qué hora encendisteis la hoguera?
8 ¿Cómo lo pasaste?
9 ¿A qué hora te acostaste?

4 ✏️ **¿Y tú? ¿Qué hiciste en la última *Bonfire Night*? Escribe unas frases y usa el vocabulario de los ejercicios 1 y 2.**

Las fiestas	Festivals
El Año Nuevo	New Year
Los Reyes	Epiphany
La Nochebuena	Christmas Eve
La Navidad	Christmas
La Nochevieja	New Year's Eve
El día del Padre/de la Madre	Father's/Mother's Day
El Carnaval	Carnival
La feria	fair
Se celebra	It's celebrated
Se come	It's eaten
Se llevan trajes de flamenco	Flamenco dresses are worn
Hay procesiones	There are processions

¡Feliz Navidad!	Happy Christmas!
La Misa del Gallo	Midnight Mass
La cena de Nochebuena	Christmas Eve dinner
El belén	nativity scene/crib
Los Reyes	the three Wise Men
El árbol de Navidad	Christmas tree
El pavo	turkey
Mantecados y turrón	typical Spanish Christmas sweets
Recibí...	I received...
Regalé...	I gave...
Compré...	I bought...

¿Qué hiciste?	What did you do?
Hacía sol	It was sunny
Hacía frío	It was cold
La gente llevaba trajes de flamenco	People were wearing flamenco dresses
Lo pasé fantástico	I had a fantastic time
Comí pasteles	I ate cakes
Bebí vino	I drank wine
Vimos la procesión	We watched the procession
La gente bailaba en las calles	People were dancing in the streets
Había fuegos artificiales	There were fireworks
Fui a Argentina	I went to Argentina
Fui al sur de España	I went to southern Spain

¿Qué hiciste en Bonfire Night?	What did you do on Bonfire Night?
Llegué a casa a las siete	I arrived home at 7
Encendimos la barbacoa a las cuatro y media	We lit the barbecue at 4.30
Cocinamos hamburguesas y perritos calientes	We cooked burgers and hotdogs
Encendimos la hoguera a las seis	We lit the bonfire at 6
Tiramos fuegos artificiales durante una hora	We set off fireworks for an hour
Invitamos a mis amigos	We invited my friends

Gramática:

Avoiding the passive

Revision of the preterite

Using the preterite and the imperfect

¡Así se hace!

★ Dictionary skills: compound nouns and verbs followed by prepositions

★ Reading longer texts

★ Writing longer texts

Cross-topic words

se come – *one eats*

se bebe – *one drinks*

¿Qué se hace? – *What do people do?*

hacía sol – *it was sunny*

Unidad 9 (¿Problemas? Mira la página 85.)

1 ✎ **Mira la página 83, ejercicio 3b. Trabaja con tu pareja.**

A Suggest going to the cinema this afternoon.

B OK. What would you like to see?

A They're showing a good animated film.

B You hate animated films because they are childish. Suggest going to an action film.

A OK, what time shall we meet?

B Suggest a time.

A Where shall we meet?

B Suggest a place.

A OK, see you later.

2 a 📖 **Lee la crítica de la película. Busca las palabras en el texto.**

1 adventures
2 don't waste time
3 episode
4 film
5 our cinemas
6 prisoner
7 wizard
8 you will love

Harry Potter y el prisionero de Azkeban

La nueva película de Harry Potter ha llegado a nuestros cines. La nueva entrega de las aventuras del mago Harry es una historia emocionante y también oscura en ocasiones. Harry y sus amigos tienen muchas aventuras que te encantarán. ¡No pierdas tiempo y ve al cine esta semana!

2 b ✏ *Write an advert for your favourite book or film to make people want to read or see it.*

Unidad 10 (¿Problemas? Mira la página 93.)

3 💿 **Escucha la descripción de la fiesta de la Tomatina en Buñol. ¿Verdad (V) o mentira (M)?**

1 El pueblo de Buñol está en Madrid.
2 Hacía mucho calor.
3 La fiesta comenzó a las diez.
4 La gente llevaba ropa formal.
5 La gente se tiró naranjas unos a otros.
6 Todo se limpió con agua al final.
7 La gente no lo pasó bien.

La Semana Santa de Málaga

La Semana Santa ha comenzado de nuevo en Málaga, como cada año. Veremos procesiones desde el domingo hasta el viernes.

Ayer por la tarde, Domingo de Ramos, vimos la procesión de la cofradía de La Oración en el Huerto. El trono fue llevado por doscientos cincuenta hombres. Delante del trono iban los nazarenos, que llevaban túnicas y velas. Detrás del trono iba la banda de música.

Esta noche, Lunes Santo, veremos la popularísima procesión de Nuestro Señor Cautivo. Veremos a los nazarenos con sus túnicas blancas y los miles de penitentes detrás de la imagen. Detrás veremos el trono con la imagen de la Virgen de la Trinidad con su manto púrpura y los miles de claveles blancos adornando su trono.

La gente en las calles comerá las típicas torrijas, un dulce hecho con pan y miel, normalmente con un café con leche. Los niños comerán algodón dulce y palomitas.

la cofradía – *religious brotherhood*

1 Busca las siguientes palabras en el texto:

1 procession
2 throne
3 tunics
4 candles
5 music band
6 image
7 robe
8 carnations
9 honey
10 popcorn

2 Contesta a las preguntas en inglés.

1 On how many nights are there processions?
2 What procession is mentioned on Sunday evening?
3 How many men carry the throne?
4 What do the *nazarenos* (penitents) wear?
5 What do they carry?
6 What follows the throne?
7 What very popular procession can be seen on Monday night?
8 What colour are the tunics?
9 What colour is the robe of the image of the Virgin Mary?
10 What sort of flowers go on the Virgin's throne?
11 What are *torrijas* made of?
12 What do you normally drink with them?
13 What do the children eat?

11 En casa

11A Mi dormitorio

- describe your room
- make comparisons using *tan... como*
- talk about the best and worst

cortinas — **paredes** — **espejo** — **librería** — **tocador** — **mesita de noche**

El dormitorio de Antonio

1 a 📖 **Busca las cosas en los dibujos. Juega con tu pareja.**

> la cama   el ordenador
> la lámpara   el vídeo   el póster
> el despertador   el equipo de música
> la televisión   la revista
> la silla   la mesa

1 b ✏️ **Mira los dormitorios. Escribe una lista de 5–10 diferencias.**

Ejemplo: **En el dormitorio de Pablo no hay pósters en las paredes.**

1 c 💿 **Escucha y rellena los espacios.**

A

¡Hola! Soy Antonio. Mira mi (1) _____.
Paso mucho tiempo allí. Es (2) _____ y es
importante para mí. Me gusta la (3) _____.
Quiero casarme con Chical. Tengo muchos
(4) _____ aquí. Me gusta leer novelas.
El tocador es de mi hermana; ella no está aquí.
Juego al hockey y al (5) _____ y guardo las
cosas aquí. Me gusta mi dormitorio pero es
(6) _____ pequeño. Pero me gusta más
tener un dormitorio pequeño para mí solo que
compartir un dormitorio (7) _____ grande
con mi (8) _____.

B

Aquí (9) _____ el dormitorio de Pablo.
Es (10) _____ práctico. Hay todo lo que
necesita para hacer los (11) _____ y ver
las (12) _____ .Tiene muchos CDs y
(13) _____ . Le interesa la astronomía, y por
eso (14) _____ mapas en las paredes.
Estudia mucho y (15) _____ estudiar aquí.
Su dormitorio es grande (16) _____ él.
No (17) _____ más espacio.

1 d 📖 ¡extra! **Mira los dibujos. ¿Quién habla, Antonio o Pablo?**

Ejemplo: **1 Antonio**

1 Tengo un tocador en mi dormitorio.
2 Mi dormitorio no es grande.
3 No quiero compartir un dormitorio.
4 Prefiero un dormitorio práctico.
5 Me gusta la lectura.
6 Soy deportista.
7 Estudio mucho.

estantes

persianas

mapa

pupitre

ordenador portátil

El dormitorio de **Pablo**

1 e 📖 **¿Verdad (V) o mentira (M)?**

1 El dormitorio de Antonio no es tan grande como el de Pablo.

2 El dormitorio de Pablo es tan cómodo como el de Antonio.

3 Las paredes del dormitorio de Pablo no son tan atractivas como las de Antonio.

4 Pablo es tan deportista como Antonio.

5 El dormitorio de Antonio es tan práctico como el de Pablo.

6 Antonio es tan trabajador en el colegio como Pablo.

2 💬 **Habla con tu pareja.**

A ¿Compartes tu dormitorio o tienes tu propio dormitorio?

B Tengo mi propio dormitorio./Comparto mi dormitorio con…

A ¿Cómo es tu dormitorio?

B Es (grande) y…

A ¿Es tan grande como el dormitorio de (tus padres/tus hermanas)?

B Es tan… como el…

A ¿Qué muebles hay en tu dormitorio?

B Hay (una cama)…

Gramática: *lo* + adjective

Lo + adjective *es que*…
= the… thing is that…

Lo mejor – the best thing
Lo peor – the worst thing
Lo aburrido – the boring thing

Gramática: *tan… como* – as… as

Mi dormitorio es tan cómodo como el* de mi hermana.
My bedroom is as comfortable as my sister's.

*Notice how the word *dormitorio* isn't repeated. If the sentence were translated word for word it would be 'My bedroom is as comfortable as the (one/bedroom) of my sister.'

♻ *más… que* = more… than; *menos… que* = less… than

3 📖 **Lee y mira los dibujos. ¿A quién pertenece el dormitorio?**

A B C

Bueno, mi dormitorio es muy ordenado y siempre está limpio. Hay una cama, un armario y una mesa con una silla. Es suficiente. Lo mejor es que puedo hacer ejercicio. Hay mucho espacio. Tu dormitorio, Laura, es artístico, bien decorado y me gusta. Lo importante es que es cómodo para ti. El dormitorio de Joaquín es una catástrofe. Lo peor es que no lo arregla nunca. ¡Es una pocilga!

Jaime Laura Joaquín

4 a ✏ **Describe tu dormitorio. Usa las preguntas de 2 y el texto de 3.**

4 b 💬 ¡extra! Contrarreloj ⏱

Habla sin pausa durante un minuto sobre tu dormitorio. Incluye las palabras: *tan… como, lo peor, lo mejor, más/menos… que*.

11B Tareas en casa

- say what you have to do at home
- give opinions about household tasks

A

B

C

1 a 📖 **Mira las fotos y busca las expresiones en el horario.**

Ejemplo: **A** quitar el polvo

E

F

G

H

I

J

	Yolanda	Juanjo	Mariluz
lunes	fregar los platos	poner/quitar la mesa	quitar el polvo
martes	poner/quitar la mesa	preparar la cena	limpiar el salón
miércoles	preparar la cena	pasar la aspiradora	fregar los platos
jueves	planchar la ropa	quitar el polvo	ir de compras
viernes	pasar la aspiradora	preparar la cena	poner/quitar la mesa
sábado	ir de compras	lavar el coche	preparar el desayuno
domingo	hacer las camas	arreglar mi dormitorio	preparar la comida

1 b ✏️ **Escribe frases y cuenta los puntos. Compara con tu pareja. ¿Quién tiene el récord para la frase con más puntos?**

Ejemplo: **Todos los días hago las camas y arreglo los dormitorios pero prefiero ir de compras y preparar las comidas porque es más interesante. [= 21 points]**

3 puntos	2 puntos	1 puntos
los viernes	odio	pasar la aspiradora
todos los días	me gusta	ir de compras
a veces	me encanta	lavar el coche
pero	no me gusta nada	…
porque	prefiero	
y		
más		
menos		

1 c 💿 **Escucha (1–5). ¿Quién habla?**

Ejemplo: **1** Yolanda

2 🖉 **Haz un horario de tareas para tu familia o tus hermanos (lunes a domingo). Escribe frases.**

	mi hermano	mi hermanastra	yo
lunes	lavar los platos	preparar el desayuno	poner la mesa

Ejemplo: **El lunes mi hermano lava los platos y mi hermanastra…**

3 a 💬 **Juego. Sin mirar el libro haz una lista con tu pareja. No se puede repetir nada. Cada uno tiene cinco vidas.**

Ejemplo:

A Yo hago las camas.

B Yo hago las camas y paso la aspiradora.

A Yo hago las camas, paso la aspiradora y…

4 a 📖 **Compara el anuncio para au pairs (A) y el correo electrónico de Maite (B). Apunta las diferencias en inglés.**

Advert	Maite
Au pair not domestic employee	Has to do a number of domestic tasks: cleaning, dusting, etc.
Eats with the family	Eats with the children but not the parents

B

Querida amiga:

Te escribo para pedir tu ayuda. Yo trabajo como au pair desde hace seis meses. Estoy muy triste. Trabajo con una familia. El padre es director de una compañía y viaja mucho. No está casi nunca en casa. La madre es especialista en el hospital. Trabaja muchas horas. Hay dos niños: de cinco y tres años. Me levanto a las seis para preparar su desayuno. Les lavo, les visto y les acompaño a la escuela. Vuelvo a casa y paso todo el día quitando el polvo, pasando la aspiradora, lavando la ropa, haciendo las camas. A las tres y media voy a buscar a los niños y les cuido hasta las ocho. Ceno con los niños normalmente, no con los padres. No tengo tiempo (ni energía) para estudiar inglés. Estoy libre el domingo pero el sábado soy responsable de los niños. Su madre trabaja y el padre juega al golf.

Estoy muy cansada. ¡Los padres son simpáticos pero tengo que trabajar demasiado!

Un abrazo,

Maite

3 b 💿 **¡extra!** **Escucha (1–3). ¿Juegan bien? Apunta tareas que son nuevas.**

A

Se buscan chicos y chicas au pair.

¿Qué es un au pair?

Un au pair es un chico o una chica de 17 a 27 años que vive con una familia y cuida a los niños. No es un empleado doméstico. Tiene su propia habitación y come las comidas con la familia. Recibe dinero pero poco. Tiene que hacer tareas como planchar, lavar platos y ayudar a cuidar a los niños un máximo de cinco horas al día. Tiene dos días completos de tiempo libre y tiempo libre para estudiar (ir a clases de idiomas, por ejemplo).

4 b 🖉 **Imagina que eres au pair en una familia muy simpática o una familia horrible. Describe tus tareas. Usa el correo electrónico de Maite como modelo.**

11C Actividades

- use the present continuous
- revise how to structure a letter
- use object pronouns with the present continuous

1 🗨 **Juego de memoria. Mira el dibujo durante 30 segundos y cierra tu libro. ¿Qué están haciendo?**

Ejemplo: **Miguel está haciendo los deberes.**

Dolores: Estoy haciendo los deberes, mamá.

Estamos arreglando el dormitorio.

Estoy lavándome el pelo.

Miguel

Mamá

Estoy leyendo el periódico.

Marisol y Mariluz

Raúl

Papá

Yo estoy comiendo tranquilamente.

¿Qué estáis haciendo?

Negrito

Estoy preparando la comida.

2 💿 **Escucha. Apunta a, b o c.**

1 a Alonso está preparando la comida porque no quiere ir al parque.

b Alonso está preparando la comida porque sus padres no están en casa.

c Alonso está preparando la comida porque sus padres están en el parque.

2 a Bea no quiere ir al polideportivo.

b Bea quiere ir pero se está lavando el pelo.

c Bea no quiere lavarse el pelo.

3 a Toda la familia está comiendo.

b José María no quiere ir a la casa de su amigo.

c José María está celebrando en la casa de su amigo.

4 a Isabel está viendo una película muy buena.

b Isabel no quiere ir al cine.

c Isabel quiere ver la película.

5 a Paco tiene un montón de deberes que hacer.

b Paco prefiere ir a la cafetería.

c Paco está haciendo los deberes en la cafetería.

Gramática: the present continuous

The present continuous is used to describe what is happening at the present time.

It is formed in two parts.

- What is the first part?
- How is the second part formed?

Verbs ending in	present of *estar*	Remove	Add
-ar	estoy	-ar	-ando preparando
-er	estás	-er	-iendo comiendo
-ir	está	-ir	-iendo escribiendo
	estamos		
	estáis		
	están		

3 🖊 **Escribe frases. ¿Qué están haciendo?**

Ejemplo: **A Está escuchando música.**

4 💿 ¡extra! **Escucha (1–4). Apunta las excusas. ¿Son buenas [✔] o no [✗]?**

Ejemplo: **1 Está hablando con Paco. [✗]**

5 💬 **¿Qué haces el fin de semana? Habla con tu pareja.**

Ejemplo:

A ¿Cómo pasas el tiempo el sábado?

B Paso el tiempo jugando al tenis, comprando cosas y escuchando música.

A ¿Y el domingo?

B Paso el tiempo ayudando a mis padres: preparando el desayuno, arreglando mi dormitorio, pasando la aspiradora. ¿Y tú?

7 🖊 **Lee la carta y adáptala para describir un fin de semana típico.**

Salamanca, 2 de octubre

¡Hola! Quieres saber cómo paso el tiempo libre. Te voy a describir un fin de semana típico.

¿Qué haces tú el sábado? Los sábados me levanto muy tarde y paso mucho tiempo preparándome para salir: lavándome el pelo y peinándome. Voy al centro andando porque no está lejos. Por la tarde nos divertimos mucho, charlando en la cafetería y tomando tapas.

El domingo ayudo a mis padres: lavando el coche, arreglando mi dormitorio. ¿Tienes que ayudar en casa? Y el domingo paso la tarde haciendo deberes, muchos deberes, y escuchando música al mismo tiempo. Tengo seis horas de deberes más o menos el fin de semana. ¿Tienes muchos deberes?

Escríbeme pronto y cuéntame lo que haces tú.

Besos,

Sofía

Gramática: position of object pronouns with the present continuous

With reflexive verbs (e.g. *lavarse*) the pronoun is placed either after the verb (*estoy lavándome**) or before the form of *estar* (*me estoy lavando*).

*Notice that if you add the pronoun to the end, you must add an accent to maintain the stress in the same place.

6 🖊 Contrarreloj ⏱

Escribe más frases en 5 minutos. Usa los verbos y las personas de abajo.

Ejemplo: **Paco está levantándose.**

yo	vosotros	acostarse
tú	Ana y Pedro	lavarse
Paco	levantarse	despertarse
Mi madre y yo	peinarse	

¡Así se hace! *Answering a letter*

Before you answer a letter you must make sure that:

● you understand what it says

● you know what you have to respond to

● you identify what you can reuse from the text

● you know what you can say (and are sure is correct!) and in what order.

Read through the text once to get the sense of it, and the second time note the things that you have to comment on/answer.

Next, highlight words, expressions and structures that you can use in your reply. Finally, plan your letter on paper with separate paragraphs, for example, 1 introduction, 2 on Saturday, 3 on Sunday, 4 close.

11D ¿Cómo te entiendes con...?

- talk about relationships at home
- say what you can or must do

Gramática: *poder* – to be able to

● Pick out the forms of *poder* in the present tense in this text and put them in order: *puedo, puedes...*

1 ● Lee y escucha (1–4). Escribe las letras de las frases.

Ejemplo: **1 A, B, D...**

A ¿Te entiendes bien con tus padres?

B Sí, me entiendo bien.
C No, nos peleamos mucho.

D Son simpáticos y puedo hacer muchas cosas.
E No son simpáticos. No puedo hacer nada.
F Me tratan como a una niña.

G ¿Por ejemplo?

H Puedo volver cuando quiera por la noche.
I Puedo invitar a mis amigos a casa.
J Tengo que volver a las 10 a cenar.
K No me dejan salir durante la semana.

– ¿Puedes ir sola a la ciudad por la noche?
– No, no puedo.

– ¿Pueden volver tarde tus hermanos?
– Sí, pueden volver a las tres o las cuatro.

– ¿Podéis invitar a tus amigos a casa, tu hermana y tú?
– Sí, podemos cuando nuestros padres están en casa.

– ¿Tu hermana puede fumar en casa?
– No, no puede. ¡Qué va!

2 ○ Con tu pareja contesta a las preguntas.

1 ¿Puedes salir por la noche durante la semana?
2 Si tienes hermanos, ¿pueden salir durante la semana?
3 ¿Puedes evitar los deberes?
4 ¿Puedes ver la televisión en tu dormitorio?
5 ¿Puedes navegar por Internet todo el tiempo?
6 ¿Puedes volver después de las once los sábados?

3 ○ ¡extra! Escucha los diálogos de 1 otra vez. Úsalos como modelo para hacer tus propios diálogos.

Ejemplo:

A ¿Te entiendes bien con tus padres?
B Sí, me entiendo bien. Son simpáticos y puedo hacer muchas cosas.
A ¿Por ejemplo?
B Puedo salir con mis amigos los fines de semana.

4 📖 Lee la carta y contéstala. ▶

> Santiago, 29 de octubre
>
> ¡Hola! No estoy muy contenta hoy porque no puedo salir. Normalmente mis padres son muy simpáticos y me dejan salir pero hoy tengo que hacer los deberes para un examen mañana.
> Me entiendo bien con mis padres pero tengo catorce años y creo que puedo decidir si quiero estudiar o no. ¿Cómo son tus padres? ¿Te entiendes bien con ellos? ¿Qué puedes hacer durante la semana? ¿Puedes salir, por ejemplo? Y los fines de semana, ¿a qué hora tienes que volver a casa?
> Un saludo,
> Carmita

Mi dormitorio	**My bedroom**	**Entenderse en casa**	**To get on at home**
compartir	*to share*	entenderse	*to get on*
mi propio dormitorio	*my own room*	pelearse	*to fight, to quarrel*
la cortina	*curtain*	Puedo salir	*I can go out*
el despertador	*alarm clock*	¿Puedes volver tarde?	*Can you return home late?*
las persianas	*blinds*	No me dejan invitar a mis amigos	*They don't let me invite my friends*
el espejo	*mirror*		
el tocador	*dressing table*		
el estante	*shelf*		
la librería	*bookcase*		
la mesita de noche	*bedside table*		
la pared	*wall*		
el póster	*poster*		
el pupitre	*desk*		
el ordenador portátil	*laptop*		

Tareas	**Chores**
pasar la aspiradora	*to hoover, vacuum*
hacer las camas	*to make the beds*
ir de compras	*to go shopping*
quitar el polvo	*to dust*
lavar el coche	*to wash the car*
arreglar el dormitorio	*to tidy the bedroom*
preparar las comidas	*to prepare the meals*
poner la mesa	*to set the table*
quitar la mesa	*to clear the table*
fregar los platos	*to wash up*
limpiar	*to clean*
planchar	*to iron*

Gramática:

Comparisons with *tan… como*

Lo + adjective

The present continuous: *Estoy quitando el polvo*

Position of object pronouns with the present continuous: *Estoy lavándome/Me estoy lavando*

Poder present tense

¡Así se hace!

★ Planning a response to a letter

 **Cross-topic words**

tan… como – *as… as*

12 El medio ambiente

12A Problemas globales

- understand key environmental issues
- understand people giving opinions on these
- learn how to deal with unknown language

1 a 📖 Une las fotos con las descripciones.

B

E

1 **El mundo en peligro**
El aire, la tierra, el agua y las criaturas y plantas que viven allí están en una situación cada día más difícil.

2 **La contaminación atmosférica**
Los gases de los vehículos y el humo de las fábricas contaminan el aire. La lluvia ácida afecta a muchos países.

3 **Los residuos químicos e industriales**
Hay muchos residuos en el agua a causa de la industria y la agricultura.

C

4 **La energía nuclear**
Las centrales nucleares representan un riesgo para todos. En cada momento hay la posibilidad de un desastre como el de Chernobyl.

5 **Las mareas negras**
En la costa, accidentes con barcos llenos de petróleo y de elementos tóxicos producen mareas negras y una crisis ecológica y económica. El impacto es tremendo.

6 **Desechos domésticos**
Hay toneladas diarias de desechos domésticos: plásticos, metales, cartón, etcétera.

7 **Polución acústica y visual**
El mundo es ruidoso y hay carteles y graffiti en todas partes.

el peligro – *danger*   las fábricas – *factories*
el humo – *smoke*   los carteles – *posters*

¡Así se hace! *Understanding unknown language*

List the words on this page that you have never met before. Use the strategies below and then list the words that you still cannot understand. You may not even need the help of the vocabulary list to work out most of the meanings.

Here is a list of the most common strategies that you can use:

1 Use the context to work out meanings (topic and pictures help you).

2 Work out meanings of words similar in Spanish and English (*producen* = produce).

3 Use grammatical markers (work out whether the word is a noun or a verb, etc.).

4 Use patterns within the language (-*dad* in Spanish = -ity in English).

D

F

G

1 b ¡extra! **Traduce los textos 1–4 de la página 104 al inglés.**

1 c 📖 **Lee los textos. Pon los peligros en orden de importancia en tu opinión (1 = más importante).**

1 d 💿 **Escucha (1–6). ¿De qué problema hablan? Escribe el número y el problema.**

Ejemplo: **1 el tráfico (2)**

2 💿 **Escucha y rellena los espacios.**

En mi opinión, el medio ambiente es muy importante. Hay problemas muy graves. Primero, la contaminación (1) _____. El humo de las (2) _____ y de los (3) _____ representa un riesgo importante para la salud. Segundo, la (4) _____ del agua también me preocupa. En la costa hay (5) _____ negras y muchos ríos están (6) _____ por los desechos industriales. Finalmente, los deshechos domésticos son también un (7) _____ muy grave. No se hace lo suficiente para salvar el (8) _____.

coches	fábricas	problema
planeta		atmosférica
polución	mareas	contaminados

¡Así se hace! *Setting out your arguments*

Notice how the speaker in question 2 sets out the arguments. Try to work out the structure before you read on.

There is an opening statement followed by three key points marked by *primero, segundo* and *finalmente*, followed by a general conclusion. This signposting and logical build up are important when you are making a case and arguing a point of view.

¡Así se hace! *Anticipating answers*

When you are about to listen to spoken Spanish, always try to work out in advance roughly what will be said. In this case, have a guess which words will fit in which spaces. It will make the listening much easier.

3 a ✏️ **Prepara una presentación. Usa las frases.**

No me gusta nada	la polución atmosférica	porque	afecta(n) la salud
Me preocupa	la contaminación de los ríos		tengo miedo
Me molesta	los desechos químicos		me gustan los animales, etcétera
Me afecta	las mareas negras		

3 b 💬 ¡extra! **Haz tu presentación a la clase. (** ◀◀ p. 65)

12B ¿Qué haces por el medio ambiente?

- understand what others do for the environment
- describe what you do for the environment
- use the command form in the negative

1 a 📖 Lee las instrucciones. ¿Ayudan al medio ambiente o no?

Ejemplo: **1 Sí 2 No**

1. Recicla botellas, cartón, papel, pilas y latas.
2. No separes la basura.
3. Usa menos electricidad. Apaga las luces.
4. No hagas demasiado ruido.
5. Dúchate en vez de tomar un baño.
6. No uses menos electricidad: ¡usa más!
7. Usa transporte público y ve andando o en bicicleta.
8. No recicles la basura.
9. No vayas en bicicleta. Ve en coche.
10. Cierra las puertas cuando hace frío.
11. Haz mucho ruido.
12. No cierres las ventanas en enero.
13. Separa la basura: papel, plástico, vidrio.
14. Toma un baño dos veces al día. No te duches.

apagar – *to switch off, to put out*
el vidrio – *glass*
la pila – *battery*
la basura – *rubbish*

1 b 💿 Escucha (a–f). ¿Qué hacen?

Ejemplo: **a 3**

1 c 🗨 Habla con tu pareja. Cambia las palabras.

A ¿Eres muy ecológico/a?
B Sí, bastante.
A ¿Qué haces en casa?
B Me ducho. No me baño. ¿Y tú?
A Francamente, no hago nada.
B ¿Qué haces?
A Me baño y no reciclo.

Gramática: the negative command form

● Look at the sentences in **1a**. What is the pattern for forming commands for tú in the negative form?

infinitive	positive command (do)	negative command (don't)
reciclar	recicla	no recicles
usar	usa	no uses
comer	come	no comas
vivir	vive	no vivas

With -ar verbs the **a** changes to **e** and **s** is added.
With -er and -ir verbs the pattern is reversed.
recicl*a* + es   com*e* + as   viv*e* + as

Examples:
Com**e** productos orgánicos. No com**as** mucha carne.
Beb**e** agua mineral. No beb**as** agua del río.

Note that the command form for *hacer* is irregular: *haz*
The negative command is *no hagas*.

106 ciento seis

2 a 📖 Lee el sondeo. Contesta a las preguntas: ¿a, b o c?

¿Eres ecológico/a?

1 ❯ **¿Reciclas la basura?**

a Suelo reciclar botellas, periódicos, latas y pilas.

b Suelo reciclar botellas.

c No reciclo nada. Estoy en contra. Es una pérdida de tiempo.

2 ❯ **Cuando sales de una habitación, ¿apagas las luces?**

a Suelo apagar también el ordenador y la tele.

b Si me acuerdo, apago las luces de mi habitación.

c Dejo las luces encendidas.

3 ❯ **¿Protestas a favor del medio ambiente?**

a Soy socio de una organización ecológica. Estoy muy a favor de proteger el medio ambiente.

b No soy miembro de una organización pero doy dinero de vez en cuando.

c El único club de que soy socio es FC Barcelona.

4 ❯ **¿Cómo vas al cole?**

a Voy andando o en bicicleta al cole.

b Voy andando si hace buen tiempo. Si llueve, voy en coche.

c Voy en coche de mis padres. Es más rápido.

5 ❯ **¿Ahorras con la calefacción?**

a Si hace frío en casa, cierro las ventanas y las puertas para retener el calor.

b Si hace frío en casa, suelo cerrar las puertas.

c Si hace frío en casa, pongo más calefacción.

6 ❯ **Quieres escuchar música muy alta. ¿Qué haces?**

a Me pongo los auriculares.

b Cierro las ventanas y la puerta y me aseguro que no hay nadie en casa.

c Si quiero escuchar música muy alta, la pongo. Es igual.

7 ❯ **Hay una campaña para limpiar el parque para los niños.**

a Yo ayudo con placer. Estoy a favor.

b Ayudo si van a ayudar mis amigos y si no hay nada importante que tengo que hacer.

c El parque es para jugar. No me interesa.

8 ❯ **Van a construir una central nuclear cerca de la playa. ¿Qué haces?**

a Participo en las manifestaciones.

b Estoy en contra pero no hago mucho.

c Estoy a favor. Esto significa que hay más empleo y dinero.

Resultados

Si tienes más 'a' eres muy responsable. Eres inteligente y sensible. Con gente como tú se puede salvar el planeta.

Si tienes más 'b' eres bastante responsable. Eres un poco egoísta pero haces algo.

Si tienes más 'c' eres de otro planeta o debes vivir en otro planeta. Lo único que te interesa eres **tú**.

2 b ¡extra! **En tu opinión, ¿quién dirá estas cosas: una persona a, b o c?**

1 No hay problema. Los científicos inventarán cosas para resolver los problemas.

2 Hago algo pero siempre hay cosas más importantes que hacer.

3 El mundo es nuestro y para nuestros hijos.

4 Si no hacemos nada será demasiado tarde.

5 El gobierno tiene que hacer más. Yo no puedo hacer mucho.

6 Yo vivo en un pueblo bonito y no hay contaminación. No hay problema entonces.

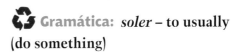 **Gramática:** *soler* – **to usually (do something)**

(◀◀ p.69)
Suelo + infinitive –
I usually (do something)
Suelo reciclar botellas. –
I usually recycle bottles.

12C El mundo del futuro

• use the future tense

1 a 📖 **Lee el texto. Busca los verbos en el futuro.** ▶

1 b *Write a rule on how the future is formed.*

2 💬 **Con tu pareja di unas frases sobre el futuro.**

A No habrá gasolina.

B Las temperaturas serán más altas.

A …

3 ¡extra! **Prepara una presentación normal o exagerada.**

Ejemplo: En el futuro no habrá contaminación. Hará buen tiempo y mucho calor en invierno y verano e iré a la playa todos los días.

¡Así se hace! *Giving a presentation*

◀◀ pages 9 and 65 for tips on how to give a good presentation.

Si no hacemos nada...

Positivo

✱ Si no hacemos nada todo estará bien. Habrá muchas plantas y animales y si desaparecen unos tigres u otros animales podrás ir al zoo a ver los que quedan.

✱ Produciremos mucha comida y tendremos la tecnología para producir más.

✱ Descubriremos cómo disminuir la polución en el aire y en el agua.

✱ Los aviones serán anticuados. Habrá nuevos sistemas de transporte.

✱ Los científicos descubrirán nuevos métodos de producir energía.

✱ Si las temperaturas suben, será mejor cuando vayamos de vacaciones – más sol en la playa.

Negativo

✱ Si no hacemos nada los animales y plantas desaparecerán y no tendremos la selva que necesitamos.

✱ No habrá suficiente comida para los nueve billones de habitantes que habrá dentro de 50 años. (Hay seis billones ahora.)

✱ Los ríos estarán contaminados y el aire estará tan contaminado que la gente no podrá respirar adecuadamente.

✱ Nosotros no iremos en avión porque costará demasiado.

✱ Los minerales también desaparecerán: el carbón, el petróleo, el gas natural.

✱ Por el agujero en la capa de ozono las temperaturas subirán y la Antártida sufrirá.

Gramática: the future tense

estar	comer	vivir
estaré	comeré	viviré
estarás	comerás	vivirás
estará	comerá	vivirá
estaremos	comeremos	viviremos
estaréis	comeréis	viviréis
estarán	comerán	vivirán

Note that four of the usually irregular verbs are regular in the future: ser (seré), estar (estaré), ver (veré) and ir (iré).

Common irregulars:

hacer	➡ haré	I will do/make
decir	➡ diré	I will say
querer	➡ querré	I will want
poder	➡ podré	I will be able
salir	➡ saldré	I will leave
tener	➡ tendré	I will have
venir	➡ vendré	I will come
haber	➡ habrá	there will be

El medio ambiente	The environment
la contaminación atmosférica	air pollution
la polución	pollution
los residuos químicos	chemical waste
los desechos domésticos	domestic waste
el vidrio	glass
el cartón	cardboard
el plástico	plastic
las latas	cans
el riesgo	risk
el peligro	danger
grave	serious
ecológico	ecological
las centrales nucleares	nuclear power stations
la basura	rubbish
el desastre	disaster
la marea negra	oil slick

la lluvia ácida	acid rain
la selva	forest
los gases	gases
el humo	smoke
salvar	to save
reciclar	to recycle
usar	to use
producir	to produce
contaminar	to contaminate
afectar	to affect
protestar	to protest

Opiniones	Opinions
El mundo está en peligro	The world is in danger
Hay el riesgo de un desastre nuclear	There is the risk of a nuclear disaster
El mundo es ruidoso	The world is a noisy place
Es un problema muy grave	It is a very serious problem

Gramática:

The negative command form

Soler – to usually (do something)

The future tense

Cross-topic words

en mi opinión – *in my opinion*
estoy a favor – *I am in favour*
estoy en contra – *I am against*
primero – *firstly*
segundo – *secondly*
finalmente – *finally*
habrá – *there will be*

¡Así se hace!

★ Understanding unknown language

★ Anticipating answers

★ Setting out your arguments

★ Giving a presentation

Unidad 12 (¿Problemas? Mira la página 109.)

1 **a** **Escucha (1–6). ¿Qué les afecta? Contesta en inglés.**

Ejemplo: **1** air pollution

1 **b** ¡extra! **Escucha otra vez y apunta en inglés por qué piensan así.**

Ejemplo: **1** suffers from asthma

2 ✑ **Haz preguntas a tu pareja. Usa una de las frases de abajo para contestar.**

> Para protestar contra los residuos industriales.
> Para no usar mucha calefacción.
> Porque voy a reciclarlas.
> Porque es más ecológico.

1

A ¿Qué estás haciendo?
B Estoy cerrando las ventanas.
A ¿Por qué?
B …

2

A ¿Qué estás haciendo?
B Estoy buscando mi bicicleta en el garaje.
A ¿Por qué?
B …

3

A ¿Qué estás haciendo?
B Estoy poniendo las botellas en la bolsa.
A ¿Por qué?
B …

4

A ¿Qué estás haciendo?
B Estoy escribiendo una carta al periódico.
A ¿Por qué?
B …

3 📖 **Lee el artículo y contesta a las preguntas en inglés.**

1 What happens in Athens in the summer?
2 What causes the problems?
3 What happens as a result?
4 What else suffers apart from the people?
5 What shows how serious the problem is?

4 ✐ **Escribe una lista de 6–8 cosas que sueles (o no sueles) hacer en casa.**

Ejemplo: **Suelo reciclar latas y papel. No suelo cerrar las puertas cuando hace frío.**

Contaminación en Atenas

En Atenas, en verano la temperatura sube rápidamente, afectando a millones de personas. Muchas personas mueren durante el verano a causa de una combinación del calor y la contaminación de los coches y muchas más sufren afecciones respiratorias.

La ciudad antigua sufre mucho con una mezcla de niebla y contaminación. Las personas no son las únicas afectadas. La Acrópolis ofrece un ejemplo y los gases de emisión afectan mucho a las estatuas. El deterioro ha avanzado más durante los últimos veinte años que durante los veinticuatro siglos anteriores.

Juego: Salva el planeta

Juega por turnos. Tira el dado y avanza (>>) y retrocede (<<) según las instrucciones.

1 Salida

2

3

4 Un petrolero pierde cincuenta mil toneladas de crudo en la costa. Retrocede a la salida.

5

6

7 El gobierno anuncia una campaña contra la basura. Hay que reciclar y separar los desechos domésticos. Avanza a 11.

14

13 Se anuncia en la prensa la desaparición de muchas especies de insectos y animales Retrocede a 5.

12

11

10

9

8

15

16

17

18 Unos terroristas explotan una bomba en una fábrica. Pierde dos turnos.

19

20

21

28

27

26

25

24

23 Se anuncia la venta de más productos orgánicos en los supermercados. Avanza a 31.

22

29 Se prohíbe fumar en todos los sitios públicos. Avanza a 34.

30

31

32

33 En las elecciones ganan los verdes. Avanza a 39.

34

35

42

41

40 Un incendio en la selva dura un mes. Se destruyen millones de hectáreos. Retrocede a 22.

39

38

37 Hay una explosión en una central nuclear. Pierde dos turnos.

36

43

44

45

46 Se anuncia un escándalo en Washington. Las compañías petrolíferas son culpables de contaminar la costa de Brasil. Retrocede a 32.

47

48

49 ¡Enhorabuena! Has salvado el planeta.

¡Así se hace!

- The activities on these pages give you more practice in what you've learnt in each unit.
- Remember, you can look at the vocabulary list at the end of each unit for help if you need it.

1 📖 **Read the announcements on the noticeboard. Write the activities mentioned.** (◄◄ pp.10–11)

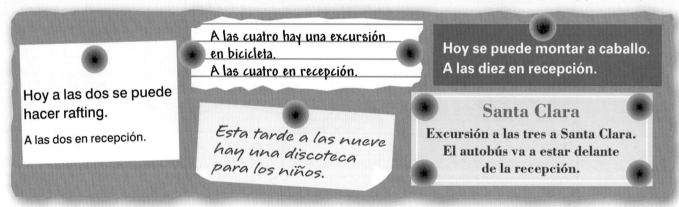

A las cuatro hay una excursión en bicicleta.
A las cuatro en recepción.

Hoy se puede montar a caballo.
A las diez en recepción.

Hoy a las dos se puede hacer rafting.

A las dos en recepción.

Esta tarde a las nueve hay una discoteca para los niños.

Santa Clara
Excursión a las tres a Santa Clara.
El autobús va a estar delante de la recepción.

2 📖 **The following questions and answers are from an interview with the singer Junio Catedrales. Match them up.** (◄◄ pp.8–12)

1 ¿Adónde vas de vacaciones?
2 ¿Cuándo vas?
3 ¿Con quién vas?
4 ¿Dónde vas a alojarte?
5 ¿Qué vas a hacer?

a Voy con mis amigos.
b Voy a Cancún en Méjico.
c Hay hoteles muy buenos. Voy a alojarme en un hotel de cinco estrellas en la playa.
d Me gustan los deportes acuáticos.
e Voy a pasar unos quince días allí, en el mes de enero.

3 📖 **Read the comments in the visitors' book of a holiday centre. Note down in English two very positive opinions and two negative opinions.** (◄◄ p.10)

Example: **There are not enough activities for small children.**

Mis hijos tienen 5 y 3 años. No hay muchas actividades para los niños pequeños.

¡Estupendo! Nos gustan muchísimo las excursiones en 4x4.

¡El trekking es fabuloso!

Las habitaciones son muy cómodas.

Es un poco caro pero bueno.

¡Muy ruidoso! La habitación está situada encima de la discoteca. ¡Música hasta las 4 de la mañana!

El rafting fue maravilloso. Y el piragüismo estupendo.

El camping está lejos del pueblo y es un poco aburrido.

4 ✏️ **Make a list in Spanish of the activities mentioned on this page and put them in order of personal preference (1 = first choice).** (◄◄ p.6)

Example: 1 = el piragüismo, 2 =

1 📖 **Lee la información sobre las actividades. Tienes 100€. ¿Qué vas a hacer? Escribe una lista.** (◀◀ p.6)

Ejemplo: photo safari 30€, water sports 30€...

Camping Sueños

Si te gusta la montaña, haz una excursión en montaña con nosotros. Transporte en jeep con aire acondicionado. Se puede observar los animales y los pájaros. Todas las comidas (desayuno, almuerzo) incluidas. Salida: 6.00 de la mañana. 60€.

Monta a caballo con nosotros en la playa. Visita la costa y el campo a caballo. Cuatro horas a caballo. Salida: 10.00. 40€.

¿Te gustan los deportes acuáticos? Entonces, hay una excursión para ti. Pesca submarina, windsurf, ir en barco. Comida (barbacoa) en la playa. Salida: 14.00. 30€.

Fotógrafos por aquí, por favor. Safari fotográfico en el Parque Leones. Más de 300 animales salvajes. Excursión en autocar. Comida típica en un restaurante. 30€.

Baila toda la noche. Discoteca a las doce de la noche en la sala de juegos. 20€.

2 📖 **Lee las posibilidades y decide qué vas a hacer y por qué.**

Ejemplo: **Voy a la montaña porque me gusta la aventura.** ▶

Vamos a ver los animales. Se puede sacar unas fotos de los leones, girafas y tigres.

Hay una excursión por la tarde a la costa. Se puede hacer deportes acuáticos.

¿Vamos a la montaña? Hay buenas vistas y me gusta un poco de aventura.

Me gustan los deportes acuáticos. Hace viento y es un buen día para practicar el windsurf.

Hay una excursión en jeep a la montaña. Se come en un restaurante.

3 ✏️ **Completa la postal. Menciona dos actividades de los textos en el ejercicio 1.** (◀◀ p.11)

Martes, 13 de agosto

Ayer fui al Parque Leones. Saqué muchas fotos de los animales. Hay más de 300 animales salvajes. Fui en autocar. Comí en un restaurante. ¡Fue estupendo! Mañana voy a ir a la montaña.

Hasta pronto,

Miguel

1 📖 *Put the parts of the body in the appropriate column, depending on whether they are in the head, between the head and the waist, or between the waist and the feet.* (◄◄ p.14)

Cabeza	Parte superior del cuerpo	Parte inferior del cuerpo

el estómago   las muelas   la nariz   las piernas   los brazos   los pies

la espalda   la garganta   las manos   las rodillas   los ojos

2 a ✏️ *Copy the letter and substitute the pictures with the appropriate words.* (◄◄ p.17)

¡Hola, Enrique!

¿Qué tal estás? Yo estoy fatal.

Esta mañana me levanté muy enfermo. [ ] y me duele [ ].

También tengo [ ] y me duele mucho [ ].

El médico dice que debo [ ] y también tengo que [ ] tres veces al día.

¡Qué desastre de fin de semana!

Hasta pronto,

Miguel

2 b ✏️ *Imagine you are feeling ill too. Answer the letter and explain to your friend what is wrong with you and what the doctor advised.* (◄◄ p.17)

3 📖 *Match up the questions and answers.* (◄◄ p.17)

1 ¿Qué te pasa?

2 ¿Qué te duele?

3 ¿Qué dice el médico?

4 ¿Tienes algo para un resfriado?

5 ¿Cuánto es un paquete de aspirinas?

6 ¿Llevas una vida sana?

a Debo quedarme en cama y beber mucha agua.

b Me duele mucho la garganta.

c Sí, como mucha verdura y hago ejercicio.

d Son 3€.

e Tengo una insolación.

f Sí, estas pastillas son buenísimas.

1 a 📖 Une las notas con las recetas del médico. (◀◀ p.18)

Ejemplo: **1C**

1 Paciente con síntomas de cansancio, dolor de cabeza y de garganta, fiebre de 39°C

2 Paciente con dolor en las rodillas y las manos, probablemente artritis

3 Paciente con dolor de estómago y vómitos, fiebre de 38°C

4 Paciente con síntomas de insolación, fiebre alta, dolor de cabeza y vómitos

5 Paciente con dolor de espalda y músculos del cuello

A Crema Antrex, para el dolor de músculos. Aplicar tres veces al día.

B Pastillas Articules para el tratamiento del dolor de las articulaciones. Tratamiento para una semana, dos veces al día.

C Antibióticos Bisolvén para tratar la fiebre y el dolor de garganta o los procesos gripales. Una pastilla con cada comida.

D Jarabe Manzanillo para el tratamiento de los vómitos y el dolor de estómago. Tomar cada dos horas.

E Pastillas Solitrex para el tratamiento de la insolación. Dos pastillas cada seis horas.

1 b 📖 ¡extra! ¿Cada cuánto debe cada paciente tomar su medicina? (◀◀ p.18)

Ejemplo: **1C – una pastilla todos los días.**

2 a 📖 Lee y contesta a las preguntas en inglés. (◀◀ p.20)

1 What should your diet be like?

2 What should you eat and drink a lot of?

3 What should you not eat and drink a lot of?

4 How much exercise should you do?

5 How long should you sleep for?

6 What else should you not do?

¡Lleva una vida sana!

¿Qué debes hacer?

✓ Debes comer mucha verdura.

✓ Debes beber mucha agua.

✓ Debes comer una dieta equilibrada.

✓ Debes dormir lo suficiente.

✓ Debes hacer ejercicio regularmente.

¿Qué no debes hacer?

✗ No debes fumar.

✗ No debes beber alcohol en exceso.

✗ No debes comer mucha grasa.

✗ No debes tomar demasiada sal.

✗ No debes dormir menos de 8 horas diarias.

Si sigues estas normas básicas, ¡podrás disfrutar mucho más de tu vida!

2 b ✏️ Diseña tu propio folleto para la vida sana. (◀◀ p.20)

1 a  **Match up the questions and the answers.** (◄◄ p.24)

1	¿Adónde fuiste de vacaciones?	**a**	Bebí limonada.
2	¿Qué visitaste?	**b**	Comí carne a la brasa.
3	¿Dónde te alojaste?	**c**	Fui a Portugal.
4	¿Con quién fuiste?	**d**	Fui con mi familia y mi amiga Elena.
5	¿Qué comiste?	**e**	Hizo sol y calor.
6	¿Qué bebiste?	**f**	Lo pasé genial.
7	¿Qué tiempo hizo?	**g**	Me alojé en un hotel muy moderno.
8	¿Cómo lo pasaste?	**h**	Visité monumentos y museos.

1 b 🖉 **Answer the questions for yourself talking about your own holidays.**
(◄◄ p.25)

2 📖 **Read the email and say whether the statements are true (T) or false (F).**
(◄◄ p.25)

¡Hola, Ignacio!

¿Cómo estás? Yo acabo de volver de mis vacaciones.
Lo pasé fantástico.

Fui con mis amigos Tom y Matt. Fuimos a España, porque a todos nos
gusta mucho el sol y queríamos practicar el windsurf.

Nos alojamos en un camping muy grande que se llama Las Palmeras,
cerca de la costa de Mijas. Visitamos los pueblos en la montaña y
bebimos sangría. Por la noche fuimos a las discotecas en la
costa y conocimos a muchos amigos españoles e ingleses.

¿Y tú? ¿Qué tal pasaste tus vacaciones?

Michael

---

1 Michael fue de vacaciones con su familia.
2 Michael lo pasó fatal.
3 Tom y Matt practicaron los deportes acuáticos.
4 Se alojaron en un hotel muy moderno.
5 El camping estaba cerca de la costa.
6 Los tres amigos visitaron monumentos y museos.
7 Bebieron mucha Coca-cola.
8 Por la noche salieron a las discotecas.
9 No conocieron a nadie.

1 📖 **Pon las frases de la carta en el orden correcto.** (◀◀ p.30)

A amigos y mi familia. Fuimos en

B Ana y Esperanza. Voy a volver

C avión hasta Madrid y de ahí en coche hasta el camping en la sierra.

D bomba!

E calor así que tomamos

F camping y nos bañamos

G camping. Conocí a dos chicas

H demasiado! El tercer día visitamos

I El año pasado fuimos de vacaciones a

J el año próximo. ¡Lo pasé

K el Museo del Prado en Madrid. ¡Es

L El primer día llegamos al

M el sol. El segundo día comimos en

N en el río. Hizo mucho

O España con mis

P españolas muy simpáticas, que se llamaban

Q impresionante! El resto del tiempo lo pasamos en el

R llamaba Las Cabañas. ¡Comí

S un restaurante muy bueno que se

2 ✏️ **Mira los dibujos. ¿Qué hicieron Marcos y sus amigos en sus vacaciones?** (◀◀ p.30)

1 📖 *Put the words into categories.* (◀◀ p.36)

Primer plato	Segundo plato	Postre
sopa de pescado	bacalao	sorbete

bacalao   pollo   ensalada de fruta   arroz con leche   paella

ensalada mixta   helados   salmón   ensalada verde   bistec

flan

sopa de pescado   gazpacho   merluza   cóctel de gambas   sorbete

2 ✏️ *Here are some answers to questions about food and drink. Write down what the questions were using the tú (familiar) form.* (◀◀ p.35)

Example:

Bebo agua.   ➡   ¿Qué bebes?

Prefiero bistec.   ➡   ¿Prefieres bistec o pollo?

Notice that you need to change the verb each time from the 'I' form to the 'you' form. Don't forget the question marks.

1 Quiero merluza.

2 Prefiero agua mineral con gas.

3 Bebo vino tinto.

4 Tomo vino blanco.

5 Recomiendo el flan.

6 Prefiero helados.

7 Quiero calamares.

3 ✏️ *Write menus for two of the following.* (◀◀ p.36)

a a fast food restaurant in Spain serving soft drinks

b a Spanish restaurant serving a *menú turístico*

c a restaurant in Spain serving international cuisine (e.g. Mexican and Italian dishes).

Use the following as examples.

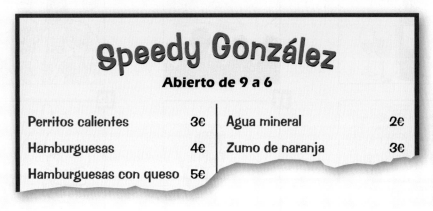

Speedy González

Abierto de 9 a 6

Perritos calientes	3€	Agua mineral	2€
Hamburguesas	4€	Zumo de naranja	3€
Hamburguesas con queso	5€		

Casa Miguel

Almuerzo 1–4
Menú turístico 35€

Primer plato

Sopa de pescado
Tortilla española

Chez Frédérique

Cena 8–11
Cocina internacional

✠ **Menú** ✠

Cóctel de gambas

1 ¿Quién es el Señor X? ¿Es A, B, C o D? (◀◀ p.33)

A Comí una tortilla, pescado y un flan. Bebí un vino blanco.

B Comí una ensalada, bacalao y un helado de fresa y chocolate. No me gusta el vino blanco. Bebí vino tinto.

C Prefiero el pescado. Comí gambas, merluza y un helado. Bebí agua.

D Normalmente como una ensalada pero comí tortilla española y pollo. Bebí vino tinto y comí un flan de postre.

2 Lee el correo electrónico. Apunta palabras y frases útiles. Cambia las frases para describir lo que te gusta. Escribe una respuesta. (◀◀ p.33)

¡Hola!

Me gusta comer y me encanta ir a restaurantes cuando estoy de vacaciones. Prefiero los restaurantes españoles porque hay de todo: carne, pescado, marisco, mucho. Mi plato preferido son los calamares. También me encanta el arroz con leche. El año pasado fui a Méjico. Me gustan muchísimo las tortillas y los tacos.

Cuando estoy de vacaciones voy a restaurantes todos los días. Cuando estoy en casa voy una vez a la semana con mi novia. Mañana voy a ir a un restaurante chino.

¿Qué te gusta comer y qué restaurantes te gustan? Cuando estás de vacaciones, ¿vas mucho a restaurantes? ¿Y cuando estás en casa, sales a cenar o comes siempre en casa?

Un saludo,

Jaime

1 📖 *Which personal characteristics are needed for these jobs? Choose from the box. There are several possibilities for each.* (◄◄ p.43)

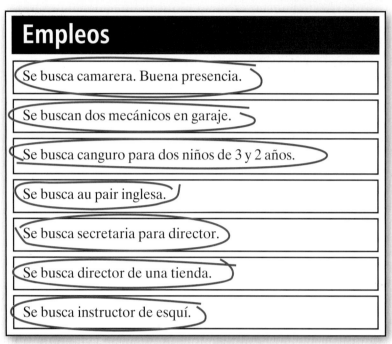

Empleos

Se busca camarera. Buena presencia.

Se buscan dos mecánicos en garaje.

Se busca canguro para dos niños de 3 y 2 años.

Se busca au pair inglesa.

Se busca secretaria para director.

Se busca director de una tienda.

Se busca instructor de esquí.

paciente
positivo
tolerante
inteligente
sensible
práctico
simpático
deportista
trabajador
cariñoso
discreto

2 📖 ¡extra! *Describe the personal characteristics needed for a ski instructor, a secretary and a babysitter.* (◄◄ p.46)

Example: ▶

Se busca instructor de esquí. Se busca persona muy trabajadora, atleta, simpática y positiva.

3 📖 *Put the people into the correct house.* (◄◄ p.46)

La empleada de banco vive en el número 11.

El director vive al lado con su mujer quien es enfermera.

El mecánico vive entre la empleada de banco y la médico.

Un camarero vive al final de la calle en la primera casa.

Al lado del camarero hay un ingeniero y una secretaria.

El camarero está casado con una dependienta.

El estudiante vive entre el ingeniero y el profesor.

La médica y el profesor viven al lado del mecánico.

El estudiante está casado con una empleada de oficina.

1 📖 **Haz el test. Contesta a las preguntas y mira los resultados de abajo.**
(<< p.43)

¿Eres una buena persona?

1 Vas a un bar y hay un chico solo.
¿Qué haces?

a   Te acercas y le preguntas qué tal está.

b   Le ves pero no haces nada.

c   Hablas con tus amigos pero no le incluyes.

2 Es tu cumpleaños. Una amiga te ha
comprado una camiseta súper fea. Tú dices:

a   'iAy! iEs horrible!'

b   Le das las gracias y le das un beso. Después
dices que la has perdido.

c   Le das las gracias.

3 Un hombre deja su billetero en el autobús.
Está lleno de billetes. ¿Qué haces?

a   Recojes tranquilamente el billetero y no
dices nada.

b   Devuelves el billetero y te vas.

c   Avisas al señor pensando que es posible que
te dé una recompensa.

4 Sales con unos amigos. Todos quieren ir a
ver una película diferente. ¿Qué haces?

a   Vas a casa. No tienes paciencia para
estos tontos.

b   Propones hacer una votación.

c   Dices que no te importa. Que se decidan
ellos y tú irás donde decidan.

5 Un amigo cuyo padre es millonario recibe
una moto muy buena el día de cumpleaños.
¿Qué piensas?

a   Es buen chico. Me alegro por él.

b   ¡Qué bien! Me puede llevar a la playa y al
polideportivo.

c   iAy! No voy a tener una moto en diez años.

6 ¿Qué palabras usan tus amigos para
describirte?

a   Es buena persona: divertida, extrovertida
y generosa.

b   Es una persona muy simpática. Es honesta,
cariñosa y sensible.

c   Es orgullosa e imposible. Es celosa y egoísta.

7 Son las nueve y tu amiga tiene una hora de
retraso. ¿Qué piensas?

a   Estás muy preocupada. Llamas a su casa y
llamas a todas sus amigas.

b   Estás tranquila. No llega nunca a tiempo y no
pasa nada.

c   Estás furiosa. Vas al cine sola.

8 Ves a tu novio/a en la calle con otro/a.
¿Qué haces?

a   Te pones celoso y no hablas más con él/ella.

b   Te duele mucho pero sabes que tu novio/a es
buena persona.

c   Eres comprensivo/a y tranquilo/a. No pasa nada.

Resultados

1 a 10 b 5 c 0   **4** a 0 b 5 c 10   **7** a 5 b 10 c 0

2 a 0 b 5 c 10 **5** a 10 b 5 c 0   **8** a 0 b 5 c 10

3 a 0 b 10 c 5   **6** a 5 b 10 c 0

60–80 Eres muy buena persona. Eres sensible,
honesto, paciente y serio.

30–55 Eres bastante buena persona pero hay
más posibilidades para mejorar.

0–25 ¿Qué te pasa? Eres egoísta y un poco
antipático. ¿Tienes amigos?

1 a 📖 **Match up the descriptions with the pictures.** (◀◀ p.52)

1 Mi uniforme consiste en una camisa blanca, pero sin corbata, un jersey azul marino de pico, una falda de cuadros, unos calcetines azul marino y zapatos planos.

2 Mi uniforme es bastante elegante. Llevo un jersey azul claro, un polo blanco, una falda de cuadros, medias y zapatos de tacón negros.

3 Para el instituto llevo un polo blanco, unos pantalones grises, un jersey rojo con el escudo del colegio y zapatos negros.

 **A**
 **B**
 **C**
 **D**

1 b ✏️ **Write the missing description.** (◀◀ p.52)

2 ✏️ **Copy the letter and complete it with the appropriate words.** (◀◀ p.54)

¡Hola, Eva!

¿Qué tal te va? Yo estoy bien, aunque un poco preocupada. Tengo que elegir mis asignaturas para el año próximo y es difícil.

Primero, quiero estudiar un idioma. Me gusta el [🇮🇹] y el [🇬🇧] pero sólo se puede estudiar uno en mi instituto, así que tengo que elegir. Es obligatorio estudiar 2+2=4 pero para mí son muy [😕?].

Mi asignatura favorita es la [🎵] pero el profesor es muy [🧑]. También tengo que elegir historia o [🌍]. ¿Cuál crees que es más útil? Creo que estudiaré tecnología, porque el profesor es muy [😊].

¿Y tú? ¿Has elegido tus asignaturas? ¿Qué te parecen tus profesores?

Escribe pronto.

Un beso,

María Luisa

1 a 📖 **Lee y contesta a las preguntas en inglés.** (◄◄ p.56)

Andrés Tudela

Empollón redomado, las mejores notas del instituto. Muy tímido y trabajador, ¡pero a veces un poco aburrido!

Ester Ribera

La chica más guapa del instituto, y también la más popular. Muy simpática y divertida, pero... ¡la peor estudiante!

Jorge Bravo

El chico más hablador y relajado, y un fantástico jugador de fútbol. ¿Su único problema? Su organización es un desastre.

Cristina García

Una chica muy estricta. Estudia muchísimo y saca muy buenas notas, pero... ¡hay que ser más simpática!

empollón redomado – *an out and out swot*

Who…

1 is very nice and funny?
2 studies a lot?
3 is very shy?
4 plays football?
5 gets the best grades in the school?
6 is very badly organised?
7 is not very nice?
8 is a bit boring at times?
9 is very talkative?
10 is the worst student?

1 b ✏️ **Escribe textos similares sobre cuatro de tus compañeros y un texto para ti mismo/a.** (◄◄ p.56)

2 ✏️ **Pon las palabras en el orden correcto para hacer frases.** (◄◄ p.57)

1 asignatura el es es español favorita la Mi porque profesora simpática.
2 elegante. encanta es Me mi muy porque uniforme
3 de desorganizado. es estricto Mi muy muy pero profesor religión también
4 clases. colegio comer chicle En en las mi no puede se
5 a año El estudiar inglés matemáticas. próximo voy y
6 es gustaría ingeniero interesante. Me muy porque ser trabajo un

1 📖 *Unscramble the names of the shops.* (◄◄ p.60)

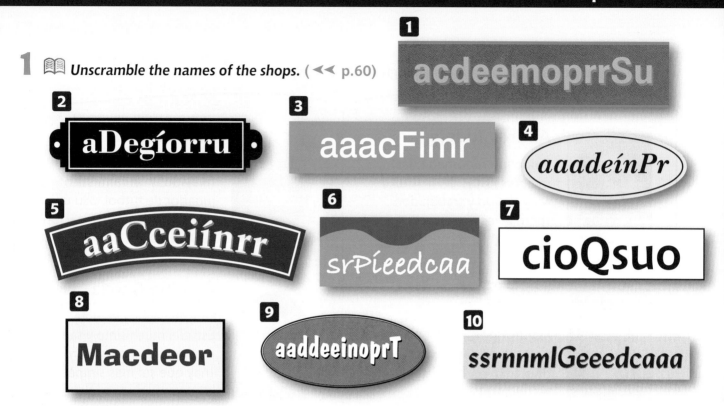

1 acdeemoprrSu

2 aDegíorru

3 aaacFimr

4 aaadeínPr

5 aaCceiínrr

6 srPíeedcaa

7 cioQsuo

8 Macdeor

9 aaddeeinoprT

10 ssrnnmlGeeedcaaa

2 📖 *Match up the labels with the prices.* (◄◄ p.62)

1 un euro treinta y seis
2 doce euros veinticuatro
3 quince euros cuarenta
4 dieciséis euros doce
5 tres euros sesenta y cinco
6 trece euros setenta y cinco

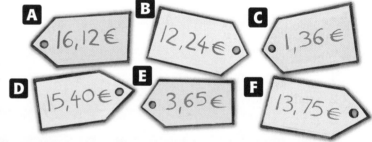

A 16,12 €
B 12,24 €
C 1,36 €
D 15,40 €
E 3,65 €
F 13,75 €

3 ✏️ *Write eight sentences to describe where the objects are.* (◄◄ p.61)

Example: **Las naranjas están a la derecha de las manzanas.**

1 📖 **Elige un contenedor o una cantidad para los productos.** (◄◄ p.62)

una caja   una lata   200 gr   un kilo   una bolsa   una barra   un tubo   3 kilos
una docena   un paquete   medio kilo

pasta de dientes	Coca-cola	naranjas	limones
café	pollo	patatas	tomates
té	caramelos	salchichas	sal
pan	huevos	jamón	galletas

2 📖 **Lee sobre el día de compras de Marta. Elige la respuesta correcta.** (◄◄ p.66)

> El sábado pasado fui de compras en el centro de la ciudad. Primero fui a una zapatería que me gusta mucho, pero no compré nada porque todos los zapatos eran demasiado caros. Después fui a los grandes almacenes y compré algo para el cumpleaños de mi madre, que es el próximo viernes. Le compré una camisa muy bonita, de seda. Cuando salí del centro comercial llovía muchísimo, así que fui a una cafetería a merendar. Tomé un café con leche y un pastel. Finalmente, fui al supermercado, porque necesitaba algo para la cena. Compré unas salchichas y algo de fruta, y también limonada. Luego volví a mi casa en autobús.

1 Marta fue de compras
  a el fin de semana.
  b el lunes.
  c el miércoles.

2 Fue de compras
  a en el mercado.
  b en otra ciudad.
  c en un centro comercial.

3 No compró nada en la zapatería porque
  a no había zapatos bonitos.
  b no había nada barato.
  c no había zapatos de su número.

4 En los grandes almacenes compró
  a un regalo.
  b una falda.
  c un bolso.

5 Marta fue a la cafetería porque
  a tenía hambre.
  b tenía sed.
  c llovía.

6 Marta compró en el supermercado
  a bebida.
  b comida.
  c comida y bebida.

7 Marta volvió a casa
  a a pie.
  b en autobús.
  c en taxi.

3 ✏️ **Describe un día de compras, real o imaginario.** (◄◄ p.66)

1 📖 *Match up the questions and the answers.* (◄◄ p.69)

¿Cómo vas a casa de los abuelos?

¿Por qué prefieres el metro?

¿Cuánto tiempo dura el viaje?

Es mucho más rápido que el autobús.

¿De qué andén sale?

Suelo coger el autocar.

80 minutos apróximadamente.

Número 8, por allí.

2 ✏️ *At the station. Write a dialogue following the example.* (◄◄ p.71)

Viajero: Buenos días.
Empleado: Buenos días.
Viajero: Quiero ir a Madrid.
Empleado: ¿Quiere salir por la mañana o por la tarde?
Viajero: Por la mañana.
Empleado: Hay un tren a las nueve.
Viajero: ¿A qué hora llega a Madrid?
Empleado: A las once cincuenta.
Viajero: ¿Cuánto es un billete sencillo?
Empleado: 55€.
Viajero: Gracias.

3 📖 *Read the dialogues. Which means of transport is it?* (◄◄ p.71)

1 ¿A qué hora sale?
Sale a las nueve.
¿De qué andén?
Andén cuatro. Coja el paso subterráneo y allí está.

2 ¿Y dónde está la casa exactamente?
Tome la segunda a la derecha y la primera a la izquierda.
Sí. Aquí está. Gracias. ¿Cuánto es?
12€.

3 ¿Es la parada para la estación?
Sí, hay un tranvía cada diez minutos.

4 Quiero reservar un billete ida y vuelta a Toledo para hoy.
¿Fumador o no fumador?
No fumador.
Vale.

5 ¿A qué hora sale el próximo para Valencia?
Lleva una hora de retraso. Hay mucho tráfico. Lo siento.

A

B

C

D

E

4 ✏️ *How do you go to school? Write a few sentences.* (◄◄ p.69)

Example: Voy al... en... Es (cómodo). No voy en... porque es (lento).

1 📖 **Lee y une las preguntas y las respuestas.** (◄◄ p.71)

1 ¿A qué hora llega el tren?

2 ¿Dónde está la parada de taxis?

3 ¿Dónde está la estación de metro más cerca?

4 ¿A qué hora sale el próximo tren para la capital?

5 ¿El autocar a Barcelona para en Zaragoza?

6 ¿Hay un autobús al estadio?

a No hay más trenes hoy. Hay un tren mañana por la mañana.

b No hay. Hay que coger el autobús.

c No, es directo.

d Bueno, lleva dos horas de retraso. El tren tiene problemas técnicos.

e No, es domingo. No hay autobuses hoy.

f ¡Uy! Está muy lejos. Está a cinco kilómetros.

2 ✏️ **En la estación. Completa el diálogo.** (◄◄ p.71)

Quieres ir a Málaga mañana por la tarde a las cinco aproximadamente. Quieres sacar un billete de ida y vuelta.

Viajero:

Empleado: Buenas tardes.

Viajero:

Empleado: ¿Cuándo quiere ir?

Viajero:

Empleado: ¿Prefiere el tren de las tres o el de las cinco y cuarto?

Viajero:

Empleado: ¿Sencillo o ida y vuelta?

Viajero:

Empleado: Son 30€.

3 📖 **Lee las opiniones de los viajeros. Apunta las ventajas y desventajas de los medios de transporte.** (◄◄ p.69)

Ejemplo: **1** autobús = **V** barato, cómodo; **D** lento, incómodo (estar de pie)

1 Yo suelo coger el autobús; es barato y bastante cómodo. Leo tranquilamente y estoy bien. No cojo nunca el metro. Es ruidoso y la gente me molesta: no es muy simpática. Por la noche tengo miedo al metro.

2 Suelo ir en coche. No tengo tiempo para esperar el autobús en la parada y no me gusta estar de pie en el autobús cuando hay demasiada gente. El coche es rápido y me lleva a mi oficina donde hay un parking subterráneo. Si llueve no me afecta.

3 Para mí lo mejor es el metro. Más rápido que el autobús y es limpio y barato. No tengo dinero para un taxi y los autobuses tardan mucho en llegar.

4 Voy andando o en bicicleta si voy por el pueblo. No me cuesta nada. Quiero ser independiente y no me gusta depender del transporte público. También es buen ejercicio. Es más sano.

4 ✏️ **Escribe cinco frases sobre el transporte público y usa estas palabras.** (◄◄ p.69)

porque · prefiero · demasiado · más · me gusta · ruidoso · barato · cómodo · lento · muy

1 🖉 *Write a sentence to express your opinion about the types of films below.*
(◄◄ p.82)

Example: **Odio las películas románticas porque son insoportables.**

2 📖 *Match up the questions and answers.* (◄◄ p.81)

1 ¿Qué tipo de películas prefieres?
2 ¿Prefieres la radio o la televisión?
3 ¿Te gustan las revistas?
4 ¿Qué programa vamos a ver esta tarde?
5 ¿Qué te parecen los documentales?
6 ¿Qué ves los sábados por la tarde?

a No me gustan nada, y además son demasiado caras.
b Me encantan las comedias porque son muy divertidas.
c Normalmente veo la serie 'Embrujadas', que me gusta mucho.
d Podríamos ver una película que ponen en Antena 3.
e Prefiero la televisión porque es más entretenida.
f Son muy interesantes, pero a veces pueden ser un poco aburridos.

3 📖 *Read the sentences. Are they true for you? Change the ones which are not true for you.* (◄◄ p.82)

1 Mis películas favoritas son las de guerra porque son emocionantes.
2 Veo la televisión dos horas cada semana.
3 Mi autor favorito es Stephen King porque sus libros son increíbles.
4 Me gustan las series porque son muy divertidas.
5 Esta tarde voy a ver una película en el canal 2.
6 Odio las películas de acción porque son demasiado violentas.

1 📖 **Lee la entrevista con la autora Blanca Pardo. Contesta a las preguntas en inglés. (◀◀ p.84)**

Hola, Blanca. ¿Qué tal?

Pues mira, muy bien.

Bueno, acabas de publicar tu última novela, *Sueños de Cristal*, y ya se ha convertido en un éxito. ¿Puedes decirnos de qué tipo de novela se trata?

Bueno, es una mezcla de diferentes elementos. Hay mucha acción, también hay una parte romántica, y hay elementos de ciencia ficción.

¿A qué público está dirigida?

Es una novela dirigida a gente bastante joven, quizás entre quince y veinte años.

Sí, está teniendo muchísimo éxito en los colegios. Y dime, ¿cómo describirías al protagonista, Miguel Bernal?

Es un chico joven, de dieciséis años, que no es muy popular. Pero de repente se ve mezclado con una historia de suspense y ciencia ficción, que se complica muchísimo. Pero ¡no quiero contarte el final!

No, será mejor leer la novela. Muchas gracias.

De nada. Hasta pronto.

Blanca

1 What is the novel's title?
2 What different elements can be found in the novel?
3 Who is the novel aimed at?
4 What is the protagonist like?
5 What sort of story does Miguel get mixed up in?

2 ✏️ **Busca información sobre tu autor(a) o cantante preferido/a. Escribe una entrevista con él/ella. (◀◀ p.84)**

3 📖 **Une los textos con los medios de comunicación. (◀◀ p.78)**

1 Hay argumentos muy emocionantes y los actores son muy convincentes. ¡Y muy guapos!

4 Se retransmiten diferentes programas a diferentes horas. Sobre todo, hay programas de música, debates y noticias.

2 La historia atrae toda tu atención y es muy difícil dejar de leer.

5 Puedes encontrar páginas con todo tipo de información: sobre las noticias, el tiempo, literatura, programas de ordenador... De todo un poco.

3 Hay artículos para todos los gustos: de moda, de belleza, de salud...

6 Transmiten programas de todo tipo: documentales, películas, series. Hay algo para cada persona.

cine   radio   novelas   revistas   televisión   Internet

1 📖 **Match up the questions and the answers.** (◀◀ p.91)

1 ¿Adónde fuiste?   **a** Bailé en la calle y fui a un espectáculo de caballos.

2 ¿Qué ropa llevaba la gente?   **b** Comida típica: pescado frito y jamón serrano.

3 ¿A qué hora empezó?   **c** Fui a la Feria de Málaga en el sur de España.

4 ¿Qué tiempo hacía?   **d** Fui con mi familia, mis padres y mis hermanos.

5 ¿Qué comiste?   **e** Hacía mucho sol y bastante calor.

6 ¿Qué bebiste?   **f** Lo pasé fantástico, aunque al final estaba muy cansado.

7 ¿Cómo lo pasaste?   **g** Más o menos a las dos de la tarde.

8 ¿Qué hiciste?   **h** Trajes de flamenco.

9 ¿Con quién fuiste?   **i** Un vino dulce muy bueno que se llama Cartojal.

2 a ✏️ **Copy and complete the postcard.** (◀◀ p.91)

¡Hola, Miguel!

¿Qué tal? Te escribo desde Pamplona en el

de España. Llegué el . Hacía pero también

 un poco. La primera noche comimos en un .

Comí y y bebí . Por la mañana los

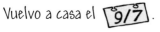 corrieron por las calles. ¡Fue muy emocionante!

La gente llevaba  y un pañuelo .

Vuelvo a casa el 9/7.

Un abrazo,

Emilia

Miguel Heredia
C/ Martínez
Maldonado 70 7A
29007 Málaga

2 b 📖 **Read the postcard again. Answer the questions in English.** (◀◀ p.91)

1 Where is Emilia writing from?   6 What did she eat and drink?

2 Whereabouts in Spain is it?   7 What happened in the morning?

3 When did she arrive there?   8 What did she think of it?

4 What was the weather like?   9 What did the people wear?

5 What did they do the first night?   10 When is she going back home?

1 Pon las frases en el orden correcto. (<< p.91)

1   a   El   en   festival   fui   pasado   un   Valencia.   verano

2   bien.   Lo   muy   pasé

3   gente   La   llevaba   tradicionales.   trajes

4   artificiales   desde   diez   fuegos   Había   hasta   las   las   once.

5   Comí   comida   de   es   la   la   paella   que   típica   zona.

6   Bebí   bebida   con   fruta   limonada.   sangría   una   vino,   y

7   a   calor.   Fui   hacia   la   mucho   playa   porque

2 Mira los dibujos. Escribe una postal a tu amigo y describe el festival que visitaste. (<< p.91)

1 a 📖 *Which is the odd one out?* (◀◀ p.98)

Example: **1 hago las camas**

1	hago las camas	preparo la comida	friego los platos	limpio la cocina
2	arreglo mi habitación	voy de compras	paso la aspiradora	pongo la mesa
3	pongo la mesa	quito la mesa	preparo la comida	plancho
4	plancho una camisa	lavo la ropa	arreglo mi uniforme	friego los platos
5	quito el polvo	paso la aspiradora	limpio	voy de compras

1 b *Explain the reasons for your choice.* (◀◀ p.98)

2 📖 *Read the letter and select the correct option.* (◀◀ p.102)

1 Ana no está contenta porque
  a no quiere hacer tareas.
  b tiene que estudiar.
  c su madre es ama de casa.

2 Ana arregla su dormitorio
  a todos los días.
  b los fines de semana.
  c casi nunca.

3 Ana prefiere
  a un dormitorio sucio pero arreglado.
  b un dormitorio limpio pero desordenado.
  c un dormitorio sucio y desordenado.

4 Ana tiene que
  a salir a las once.
  b volver a las once.
  c limpiar su dormitorio a las once.

5 Su hermano menor
  a vuelve más tarde que ella.
  b vuelve tan pronto como ella.
  c vuelve antes que ella.

Pregunta a
Marta

Querida Marta:

No me entiendo bien con mis padres. Nos peleamos todo el tiempo. Yo no quiero hacer las tareas en casa. Tengo que hacer la cama, pasar la aspiradora y ayudar con la ropa. Yo estudio durante la semana y prefiero salir los fines de semana. Mi padre y mi hermano no hacen nada y mi madre es ama de casa y no trabaja. Mi dormitorio es mi dormitorio y si no quiero arreglarlo no pasa nada. Está limpio pero mis libros están por todas partes. Así estudio. También mis padres insisten en que vuelva a las once entresemana. Mis amigos salen a las once. Mi hermano tiene 16 años y sale cuando quiera y vuelve cuando quiera, a las dos, tres... es injusto. ¿Qué puedo hacer?

Ana, 17 años, Barcelona

3 ✏️ *Write a list of household chores that you do, and say when you do them.*

Example: **Hago las camas los sábados.**

1 📖 Lee estas biografías de tres jóvenes pobres de América del Sur. Apunta las diferencias entre los tres. (◀◀ p.102)

	Javier	Enrique	Mariluz
Family	Abandoned at 3 by mother and 4 by father		
Relationship with family/guardian	Left to live with another woman and her family		
Efforts to cope	Got a good friend, learns from him and they enjoy each other's company		

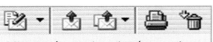

Mi mamá me abandonó cuando tenía tres años y mi padre a los cuatro, dejándome con una señora. No puedo aceptar la situación porque esta señora no es mi madre y sus hijos no son mis hermanos. Quiero salir pero no puedo. Tengo un amigo muy bueno. Paso mucho tiempo con él aprendiendo, conociéndonos. Me ayuda muchísimo.

Javier, 13 años (Méjico)

Mi papá murió cuando tenía cinco años y mis hermanas están maltratándome mucho ahora. No me dan ropa, zapatos ni comida. Mi madre trabaja y no puede hacer mucho por mí. Mis otros hermanos ya andan por la calle y no quiero acompañarles. Quiero trabajar y ayudar a mi madre.

Enrique, 13 años (Honduras)

Vivo en una zona muy pobre y muy violenta en las afueras de Bogotá. Mi familia vive en dos habitaciones y compartimos el baño y la cocina con dos familias más. Trabajo con un grupo de jóvenes que ayudan a familias pobres en la zona. Estoy terminando mis estudios y trabajo como voluntaria en una escuela.

Mariluz, 16 años (Colombia)

2 📖 Lee las frases. ¿Cuáles son los padres más estrictos? Pon las frases en orden (1 = los más estrictos).

a Puedes ver la tele cuando quieras.

b Tienes que hacer los deberes antes de ver la tele.

c Puedes ver la tele tres horas al día.

d No hay televisión en tu casa.

e Los fines de semana toda la familia ve la tele cuando está comiendo.

f Solamente puedes ver ciertos programas, como las noticias.

g Tienes que limpiar la cocina, planchar la ropa y pasar la aspiradora – y después puedes ver la tele.

3 ✏️ Describe y compara los dos dormitorios.

(◀◀ p.97)

Ejemplo: **Mi dormitorio es más grande que el dormitorio de Ignacio. No es tan…**

Mi dormitorio

El dormitorio de Ignacio

1 📖 Read the letter. Identify the problems mentioned. (◀◀ p.104)

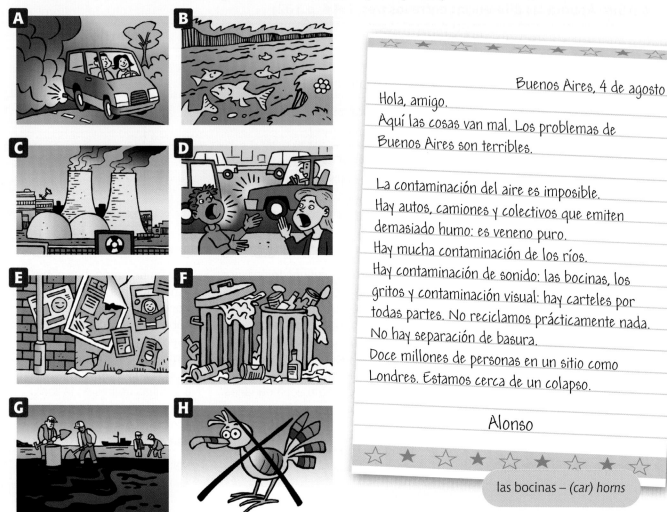

A **B** **C** **D** **E** **F** **G** **H**

> Buenos Aires, 4 de agosto
>
> Hola, amigo.
> Aquí las cosas van mal. Los problemas de
> Buenos Aires son terribles.
>
> La contaminación del aire es imposible.
> Hay autos, camiones y colectivos que emiten
> demasiado humo: es veneno puro.
> Hay mucha contaminación de los ríos.
> Hay contaminación de sonido: las bocinas, los
> gritos y contaminación visual: hay carteles por
> todas partes. No reciclamos prácticamente nada.
> No hay separación de basura.
> Doce millones de personas en un sitio como
> Londres. Estamos cerca de un colapso.
>
> Alonso

las bocinas – (car) horns

2 ✏️ What should we do for the enviroment? *Write eight sentences using the words and phrases in the box.* (◀◀ p.106)

Usa	alimentos orgánicos.
Compra	productos reciclados.
Escribe	pilas en la basura.
Protesta	menos electricidad, gas y agua.
Recicla	cartas a los políticos.
Ve	andando o en bicicleta.
Come	cartón, latas y vidrio.
No compres	productos elaborados con experimentos sobre animales.
No pongas	chaquetas o zapatos de piel o de cuero.

1 📖 **Lee la entrevista sobre las selvas tropicales. Busca:**
- **4 productos naturales**
- **2 argumentos a favor de las selvas**
- **2 razones por qué desaparecen las selvas**
- **2 efectos de la desaparición de las selvas** (◀◀ p.104)

¿Dónde están las selvas tropicales?

Están en tres partes del mundo: África, Asia y América.

¿Dónde está la mayoría de las selvas?

En América Central o América del Sur: el 57% de las selvas tropicales se encuentran allí. Las hay en Brasil, Colombia, Ecuador y en Méjico.

¿Cuáles son los productos típicos de las selvas?

Café, té, cacao, piñas, plátanos, pimientos y mangos.

¿Por qué son importantes las selvas?

Porque hay tribus indígenas, animales, árboles y plantas muy raros e interesantes.

¿Es todo?

No, hay drogas y medicamentos que vienen de las selvas y lo más importante: afectan al clima regional y posiblemente al clima del planeta.

¿Qué pasa con las selvas?

Es un problema muy serio. Están desapareciendo.

¿Por qué?

Porque la población aumenta y se vende más madera.

¿Qué pasa cuando desaparecen las selvas?

Hay inundaciones y desertificación.

2 ✏️ **Escribe las frases, según tu opinión.** (◀◀ p.108)
1 En el futuro habrá más/menos polución.
2 Los coches usarán posiblemente gasolina/electricidad.
3 Habrá más/menos gente.
4 Habrá/No habrá hambre en el mundo.
5 Habrá/No habrá centrales nucleares en todas partes.
6 Visitar la luna será/no será fácil.
7 La gente usará siempre/muchas veces cosas recicladas.
8 Habrá educación para todos/muchos.

Gramática

● Use these pages to check any grammar point you're not sure of.   ● If you're still not sure, ask your teacher.

Glossary of terms

- **Adjectives** **los adjetivos**

  … are words that describe somebody or something:

  pequeño *small*

  verde *green*

- **Determiners**

  … come before nouns and limit them:

  los *the*

  un *a*

  mi *my*

- **The infinitive** **el infinitivo**

  … is the name of the verb, as listed in a dictionary:

  jugar *to play*

  ir *to go*

- **Nouns** **los sustantivos**

  … are words for somebody or something:

  hermano *brother*

  música *music*

- **Prepositions** **las preposiciones**

  … are words or phrases used with nouns to give information about when, how, where, etc:

  a *to*

  con *with*

  en *in*

  encima de *on top of*

- **Pronouns** **los pronombres**

  … are short words used instead of a noun or name:

  yo *I*

  tú *you*

  él *he*

  ella *she*

- **Singular and plural** **singular y plural**

  – *singular* refers to just <u>one</u> thing or person:

    goma *rubber*

    hermano *brother*

  – *plural* refers to more than one thing or person:

    gomas *rubbers*

    hermanos *brothers*

- **Tenses** **los tiempos**

  … express an action or state in a particular time frame:

  como *I eat* (present)

  comí *I ate* (past)

  voy a comer *I am going to eat* (future)

- **Verbs** **los verbos**

  … express an action or a state:

  vivo *I live*

  tengo *I have*

  juega *she plays*

Gramática

The following abbreviations are used: *m.* = masculine, *f.* = feminine, *sing.* = singular, *pl.* = plural

A Masculine/feminine, singular/plural

A1 Nouns

A1.1 Singular and plural nouns

- As in English, Spanish nouns can be singular or plural. Nouns ending in a vowel (a, e, i, o, u) add –s:

  1 hermano, **2 hermanos** *1 brother, 2 brothers*

- Nouns ending in a consonant add –es in the plural.

  1 animal, **2 animales** *1 pet, 2 pets*

- There are some exceptions for words ending with a consonant:

  1 ratón, **2 ratones**
  1 mouse, 2 mice (the accent disappears)

  1 lápiz, **2 lápices**
  1 pencil, 2 pencils (the z becomes a c)

  1 hámster, **2 hámsters**
  1 hamster, 2 hamsters (words borrowed from English usually end with –s)

A1.2 Masculine and feminine nouns

- One key difference between English and Spanish grammar is that all Spanish nouns fall into one of two categories. We call these categories masculine and feminine. Most masculine nouns end in –o and most feminine nouns end in –a.

  For example: – **centro**, **supermercado**, **parque**, **fútbol**, **piano** are all masculine nouns.
  – **familia**, **música**, **geografía**, **televisión** are all feminine nouns.

- Some nouns have a masculine and a feminine form:

  el profesor *the male teacher*
  la profesora *the female teacher*

A2 Determiners

A2.1 el, la, los, las the

- The word for 'the' depends on whether the noun is masculine or feminine, singular or plural.

masculine singular	feminine singular	masculine plural	feminine plural
el	**la**	**los**	**las**
el gato *the cat*	la mesa *the table*	los pisos *the flats*	las tías *the aunts*

- **el**, **la**, **los** and **las** are sometimes used when we don't say 'the' in English.

  El español es importante. *Spanish is important.*
  Me gusta **la** historia. *I like history.*

- **el/los** are also used with expressions of time:

  el lunes *on Monday*   **los** martes *on Tuesdays*

A2.2 un/una, unos/unas a/an, some

- Like the words for 'the', the words for 'a/an' and 'some' depend on whether the noun is masculine or feminine, singular or plural.

masculine singular	feminine singular	masculine plural	feminine plural
un	**una**	**unos**	**unas**
un libro *a book*	**una** casa *a house*	**unos** amigos *some friends*	**unas** reglas *some rulers*

- After **tener** and **hay** in the negative, **un/una** is dropped:

  ¿Tienes una goma? *Have you got a rubber?*
  No, no tengo goma. *No I haven't got a rubber.*
  ¿Hay un supermercado aquí?
  Is there a supermarket here?
  No, no hay supermercado en la aldea.
  No, there isn't a supermarket in the village.

- Directly before feminine nouns beginning with a– or ha–, where the stress is on the first syllable, **el** and **un** are used instead of **la** and **una**. This is just to make it easier to say:

  el agua mineral (f) *the mineral water*

- You don't use **un** or **una** when describing what people do.

  Mi madre es médica. *My mother is **a** doctor.*

A2.3 mi, tu, su, etc. my, your, his/her

- The word for 'my', 'your', etc. depends on whether its noun is masculine or feminine, singular or plural:

  mi hermano *my brother*   **mi** hermana *my sister*
  mis tíos *my uncles*   **mis** tías *my aunts*
  su cuaderno *his/her exercise book*
  sus libros *his/her books*

	masculine singular	feminine singular	masculine plural	feminine plural
my	**mi**	**mi**	**mis**	**mis**
your	**tu**	**tu**	**tus**	**tus**
his/her/ your (formal)	**su**	**su**	**sus**	**sus**
our	**nuestro**	**nuestra**	**nuestros**	**nuestras**
your	**vuestro**	**vuestra**	**vuestros**	**vuestras**
their/your (formal)	**su**	**su**	**sus**	**sus**

A3 Adjectives

A3.1 Masculine/feminine, singular/plural adjectives

- Adjectives are words that describe nouns. They agree in gender and number with the nouns they describe.

- In the dictionary, adjectives are usually listed in their masculine singular (*ms*) form: **small** *adj.* **pequeño**

- Adjectives form their endings in several different ways.

Type 1 (the most usual)

Their endings show agreement in **gender** and **number**.

masculine singular	feminine singular	masculine plural	feminine plural
blanco	blanca	blancos	blancas
mejicano	mejicana	mejicanos	mejicanas

Type 2

The agreement shows in **number** but not in gender.

masculine and feminine singular	masculine and feminine plural
azul	azules
importante	importantes
joven	jóvenes
gris	grises

Type 3

Adjectives of colour ending in –a **do not change** their endings to match the noun in gender or number.

masculine and feminine, singular and plural
naranja   lila   rosa

If a colour is followed by *claro*, *oscuro* or *marino* it does not change its ending.

- To say 'a lot of', use the adjective ***mucho/mucha/ muchos/ muchas***

- Where an adjective describes a group including both masculine and feminine people or things, use the masculine form.

  Los alumnos son ruidos**os**.
  The pupils (boys and girls) are noisy.

- Use *lo* before an adjective to mean 'the (…) thing…'

  Lo interesante es que…   *The interesting thing is that…*
  Eso es **lo** difícil.   *That's the difficult thing.*

A3.2 The position of adjectives

- The position of adjectives is different from in English. In Spanish, adjectives generally follow a noun:

  un vestido **rojo** *a red dress*
  una casa **adosada** *a semi-detached house*

A3.3 No capitals for adjectives of nationality

- Adjectives of nationality begin with lower-case letters:

  John es **inglés**. *John is English.*
  María es **italiana**. *María is Italian.*

A3.4   Demonstrative adjectives

- The word for this/that/those etc. depends on whether the noun it is used with is masculine or feminine, singular or plural:

  ¿Cuánto cuestan **estas** naranjas?
  How much are these oranges?
  ¿Y **esos** tomates?   *And those tomatoes?*

¿Cuánto cuestan **aquellos** limones?
How much are those lemons over there?

masculine singular	feminine singular	masculine plural	feminine plural	
este	esta	estos	estas	(this/these)
ese	esa	esos	esas	(that/those)
aquel	aquella	aquellos	aquellas	(that/those over there)

A3.5 Comparative adjectives

- To make comparisons, use *más… que, menos… que*:

  Un vestido es **más** elegante **que** unos vaqueros.
  A dress is more elegant than jeans.
  Los zapatos son **menos** cómodos **que** las zapatillas de deporte.
  Shoes are less comfortable than trainers.

A3.6 Superlatives

- For superlatives – things that are 'the most' or 'the least' – use:

  … *el/la más* (adjective) *(de…)*   … the most… (in…)
  … *el/la menos* (adjective) *(de…)*   … the least… (in…)
  El cine es **el** medio de comunicación **más** emocionante.
  Las revistas son **el** medio de comunicación **menos** interesante.
  La radio es **el** medio de comunicación **más** aburrido.
  Internet es **el** medio de comunicación **menos** barato.

A3.7 tan… como

- *tan… como* means 'as… as':

  El dormitorio de Antonio no es **tan** grande **como** el de Pablo.
  Antonio's bedroom is not as big as Pablo's.
  Antonio es **tan** trabajador en el colegio **como** Pablo.
  Antonio is as hardworking at school as Pablo.
  Mi dormitorio es **tan** cómodo **como** el de mi hermana.
  My bedroom is as comfortable as my sister's.

A3.8 –ísimo

- *–ísimo* means 'very, very…'.

  bueno > buen**ísimo**   good > very, very good
  caro > car**ísimo**   expensive > very, very expensive
  lento > lent**ísimo**   slow > very, very slow
  rico > riqu**ísimo**   rich/tasty > very, very rich/tasty (of food)

B Verbs

B1 The present tense of regular verbs

- Spanish verbs have different endings according to who is doing the action.

  Examples of the present tense in English are: *I speak, I am speaking; we go, we are going.*
  The regular pattern is:

Gramática

	–ar	–er	–ir
	hablar *(to speak)*	comer *(to eat)*	vivir *(to live)*
yo	hablo	como	vivo
tú	hablas	comes	vives
él, ella, usted	habla	come	vive
nosotros/as	hablamos	comemos	vivimos
vosotros/as	habláis	coméis	vivís
ellos, ellas, ustedes	hablan	comen	viven

- The present tense expresses what is happening and what usually happens:

  Hablo inglés y español. *I speak English and Spanish.*
  Eduardo siempre **come** mucho.
  Eduardo always eats a lot.
  Normalmente, **vivimos** en Madrid.
  Normally, we live in Madrid.

- It can also express what is happening at the moment:

  ¡**Hablas** muy rápido! *You are talking very fast!*
  Ella **come** demasiado chocolate.
  She's eating too much chocolate.
  Vivimos con mis abuelos ahora.
  We are living with my grandparents now.

- In questions and with negatives, English often uses *do*. This is not trnslated into Spanish:

  No **hablo** muy bien. *I do not/don't speak very well.*
  ¿**Comes** pescado? *Do you eat fish?*
  No **vivimos** cerca del centro.
  We do not/don't live near the centre.

B2 The present tense of irregular verbs

B2.1 Verbs which are irregular in the *yo* form only

- Some common verbs are irregular in the *yo* form, but regular in all other parts:

dar	*to give*	(yo) **doy**	*I give*
hacer	*to do, make*	(yo) **hago**	*I do, I make*
poner	*to put (on)*	(yo) **pongo**	*I put (on)*
salir	*to go out*	(yo) **salgo**	*I go out*
ver	*to see, watch*	(yo) **veo**	*I see*

Salgo los fines de semana. *I go out at weekends.*
No **veo** mucho la tele. *I don't watch much TV.*

B2.2 The present tense of *tener* and *venir*

	tener *(to have)*	venir *(to come)*
yo	**tengo**	**vengo**
tú	**tienes**	**vienes**
él, ella, usted	**tiene**	**viene**
nosotros/as	**tenemos**	**venimos**
vosotros/as	**tenéis**	**venís**
ellos, ellas, ustedes	**tienen**	**vienen**

Tengo dos hermanos. *I've got two brothers.*
Tienen un gato. *They have a cat.*
¿**Vienes** a la fiesta? *Are you coming to the party?*
Mis amigos **vienen** más tarde. *My friends are coming later.*

- *Tener* (to have) is used in the following phrases where English uses the verb *to be*:

tener ... años	*to be ... years old*
tener hambre	*to be hungry*
tener calor	*to be hot*
tener sed	*to be thirsty*
tener frío	*to be cold*
tener sueño	*to be sleepy*

Tengo doce años. *I'm twelve years old.*
¿**Tenéis** frío, Carlos y Juan? *Are you cold, Carlos and Juan?*

B2.3 The present tense of *estar* and *ser* (to be)

- There are two verbs meaning 'to be' in Spanish: *estar* and *ser*.

	estar	ser
yo	**estoy**	**soy**
tú	**estás**	**eres**
él, ella, usted	**está**	**es**
nosotros/as	**estamos**	**somos**
vosotros/as	**estáis**	**sois**
ellos, ellas, ustedes	**están**	**son**

- Use **estar** to say where things are and to indicate temporary conditions:

  ¿Dónde **estás**, Ana? Estoy en el jardín.
  Where are you, Ana? I'm in the garden.
  El centro **está** muy ruidoso hoy.
  The centre is very noisy today.

- Use **ser** for describing people or things, and indicating more permanent conditions:

  Soy alto, pero mi hermano es bajo.
  I'm tall, but my brother is short.
  Los pueblos **son** blancos y muy bonitos.
  The villages are white and very pretty.

B2.4 The present tense of *ir* (to go)

- The verb *ir* is often followed by **a** (to).

	ir *(to go)*
yo	**voy**
tú	**vas**
él, ella, usted	**va**
nosotros/as	**vamos**
vosotros/as	**vais**
ellos, ellas, ustedes	**van**

¿**Vas** a la ciudad, Irene? *Are you going to town, Irene?*
Voy a la piscina todos los días.
I go to the swimming pool every day.

B2.5 Stem-changing verbs

- The stem of a verb is what is left when you take off the ending. This group of verbs have changes to some parts of their stem.

- The letter *u* or *o* in the stem changes to *ue*:

	ju**g**ar *(to play)*	p**o**der *(to be able to)*
yo	j**ue**go	p**ue**do
tú	j**ue**gas	p**ue**des
él, ella, usted	j**ue**ga	p**ue**de
nosotros/as	jugamos	podemos
vosotros/as	jugáis	podéis
ellos, ellas, ustedes	j**ue**gan	p**ue**den

Juego al fútbol. *I play football.*
Mi amigo **puede** jugar también.
My friend can play as well.

Other common verbs like *poder* where the o in the stem changes to *ue* are:

almorzar *to have lunch*	encontrar *to find*
costar *to cost*	llover *to rain*
dormir *to sleep*	volver *to return*

- Here are two verbs where **e** in the stem changes to **ie**:

	qu**e**rer *(to want, like)*	pr**e**ferir *(to prefer)*
yo	qu**ie**ro	pref**ie**ro
tú	qu**ie**res	pref**ie**res
él, ella, usted	qu**ie**re	pref**ie**re
nosotros/as	queremos	preferimos
vosotros/as	queréis	preferís
ellos, ellas, ustedes	qu**ie**ren	pref**ie**ren

¿**Quieres** beber algo? *Do you want anything to drink?*
Paca **prefiere** café. *Paca prefers coffee.*

Other common verbs like this are:

| cerrar *to close* | merendar *to have a snack* |
| empezar/comenzar *to begin* | perder *to lose* |

- In some verbs, the letter e in the stem changes to i. (This only happens in *–ir* verbs):

	pedir *(to ask for)*
yo	p**i**do
tú	p**i**des
él, ella, usted	p**i**de
nosotros/as	pedimos
vosotros/as	pedís
ellos, ellas, ustedes	p**i**den

¿Qué **pide** tu hermana? *What is your sister ordering?*
Pedimos chocolate caliente.
We are asking for hot chocolate.

Other common verbs like this are:

| repetir *to repeat* | servir *to serve* |

B3 Gerunds

- The gerund is the part of the verb ending in '–ing' in English: watching, dancing. It is formed in Spanish like this:

	Infinitive	Remove	Add	Gerund	English
–ar	ayudar	–ar	–ando	**ayudando**	*helping*
–er	vender	–er	–iendo	**vendiendo**	*selling*
–ir	escribir	–ir	–iendo	**escribiendo**	*eating*

Gano dinero **vendiendo** periódicos.
I earn money selling newspapers.
Paso mucho tiempo **escribiendo** cartas.
I spend a lot of time writing letters.

- The gerund of *servir* (to serve) is irregular: *sirviendo* (serving).
Trabajo en el bar **sirviendo** a los clientes.
I work in the bar serving customers.

- Although English often uses the gerund with verbs of liking/disliking, in Spanish you must use the infinitive form of the verb after *gustar*:
Me gusta **visitar** pueblos bonitos.
I like visiting/to visit pretty towns.
Me encanta **ir** a la costa. *I love going/to go to the coast.*

B4 The present continuous

- The present continuous is used to talk about an action that you **are doing** right now, an action which is ongoing: 'I am writing,' 'You are listening.'
Estoy haciendo los deberes.
I am doing my homework.
Estamos arreglando el dormitorio.
We are tidying the bedroom.
Están preparando la comida.
They are preparing food.
Estoy lavándome el pelo.
I am washing my hair.
¿**Estás leyendo** el periódico?
Are you reading the newspaper?

It is formed by using the present tense of *estar* plus the gerund.

yo	**estoy escribiendo**
tú	**estás escribiendo**
él, ella, usted	**está escribiendo**
nosotros/as	**estamos escribiendo**
vosotros/as	**estáis escribiendo**
ellos, ellas, ustedes	**están escribiendo**

B5 *Hay* – there is, there are

Hay un banco enfrente. *There is a bank opposite.*
Hay diez chicos en mi clase. *There are ten boys in my class.*

- After **no hay**, you drop the indefinite article, **un(a)**:
Hay una piscina, pero no hay polideportivo.
There is a swimming pool, but there isn't a sports centre.
¿Hay una bolera? No, no hay bolera en mi pueblo.
Is there a bowling alley? No, there isn't a bowling alley in my town.

Gramática

B6 *Gustar, encantar, doler*

- *Gustar* is the verb used when expressing 'to like'. Its exact meaning is 'to be pleasing to'. Look at the examples below.

Me To me	gusta is pleasing	el té (the) tea	=	I like tea.
Me To me	gusta is pleasing	leer to read	=	I like to read.

- When talking about one thing (*el ... la ...*) use **me gusta**. When talking about more than one thing (*los ... las ...*) use **me gustan**:

  Me gusta el zumo de fruta.
  I like fruit juice. (To me is pleasing the fruit juice.)
  Me gusta la naranjada.
  I like fizzy orange. (To me is pleasing the fizzy orange.)
  Me gustan los churros.
  I like doughnuts. (To me are pleasing the doughnuts.)
  Me gustan las peras.
  I like pears. (To me are pleasing the pears.)

- If you are talking about an activity, use **me gusta** and the infinitive form of the verb:

  Me gusta salir al cine.
  I like to go out/going out to the cinema.
  Me gusta mucho **nadar**.
  I like to swim/swimming very much.

- Use **encantar** *(to love)* in a similar way:

one thing	more than one thing
me encanta (el ... la ...)	me encantan (los ... las ...)

  Me encanta ir a la playa. *I love to go/going to the beach.*
  Me encantan las uvas. *I love grapes.*

- You can express degrees of liking by using *mucho, bastante, un poco* and *no, no... nada.*

  Me gusta mucho el francés. *I like French a lot.*
  Me gustan bastante las ciencias. *I quite like science.*
  ¿La historia? **Me gusta un poco.** *History? I like it a bit.*
  No me gusta la geografía. *I don't like geography.*
  No me gustan nada los deberes.
  I don't like homework at all.

- To express someone else's likes and dislikes, use the following table to help:

me	*me*
te	*you (informal, sing.)*
le	*him, her, you (formal, sing.)*
nos	*us*
os	*you (informal, pl.)*
les	*them, you (formal, pl.)*

  ¿**Te** gusta el pan?
  Do you like the bread? (Is the bread pleasing to you?)
  ¿Juan? Sí, **le** gusta el regalo.
  Juan? Yes, he likes the present. (The present is pleasing to him.)
  No **nos** gustan las gambas.
  We don't like prawns. (The prawns are not pleasing to us.)

- The verb **doler** (to hurt) works in a similar way as the verbs *gustar* and *encantar*:

one thing	more than one thing
me duele (el ... la ...)	me duelen (los ... las ...)

  Me duele la cabeza.
  I have a headache./ My head hurts.
  Me duelen los pies.
  My feet hurt.

If the person appears in the sentence, the preposition a is needed.

  A Paula **le duelen** las piernas.
  Paula's legs hurt.
  A mis hermanos **les duele** el estómago.
  My brothers have a bad stomach.

B7 *Soler* + infinitive

- *Soler* + infinitive is used to describe what you usually do.
  Suelo coger el autobús.
  I usually catch the bus.
  ¿Cómo **soléis** volver a casa si es tarde?
  How do you usually get home if it is late?

	soler *(to usually do something)*
yo	suelo
tú	sueles
él, ella, usted	suele
nosotros/as	solemos
vosotros/as	soléis
ellos, ellas, ustedes	suelen

B8 *Tener que..., Hay que..., Deber* + infinitive

- There are several ways of saying what you 'have to do' or 'must do' in Spanish.

  i You can use **tener que** + infinitive:
  Tengo que llevar una chaqueta. *I have to wear a jacket.*
  Tiene que llevar uniforme. *He has to wear uniform.*

  ii You can use **deber** + infinitive:

	deber (to have to)
yo	debo
tú	debes
él, ella, usted	debe
nosotros/as	debemos
vosotros/as	debéis
ellos, ellas, ustedes	deben

  Debe llevar una falda. *She has to wear a skirt.*
  Debo estudiar. *I have to study.*

  iii You can use **hay que**... + infinitive:
  Hay que comer mucha fruta.
  You have to eat a lot of fruit.
  Hay que ser cortés con los profesores.
  You have to be polite to the teachers.

B9 The impersonal *se*

- To say that 'they' or 'you' do something, use **se** and the appropriate verb in the third person singular or plural.

  Se puede comprar jabón en el mercado.
  You can buy soap at the market.

  El pan **se vende** en la panadería.
  They sell bread at the baker's./Bread is sold at the baker's.

  Las revistas **se compran** en el quiosco.
  They sell magazines at the newsagent's.

B10 Reflexive verbs

- Reflexive verbs have an extra part at the beginning of the verb, called the reflexive pronoun.

	llamarse *(to be called)*
yo	**me** llamo
tú	**te** llamas
él, ella, usted	**se** llama
nosotros/as	**nos** llamamos
vosotros/as	**os** llamáis
ellos, ellas, ustedes	**se** llaman

  Me llamo Ricardo. *I'm called Ricardo.*

  ¿Cómo **se llama** tu hermano? *What's your brother called?*

  Mis padres **se llaman** Belén y Paco.
  My parents are called Belén and Paco.

- Reflexive verbs often indicate an action done to oneself, e.g. to get (oneself) up, to wash (oneself). Other common reflexive verbs are:

bañarse	*to have a bath, to bathe*
ducharse	*to have a shower*
lavarse	*to get washed*
lavarse los dientes	*to clean one's teeth*
levantarse	*to get up*
peinarse	*to brush one's hair*
relajarse	*to relax*

  Me ducho rápidamente. *I have a shower quickly.*

  ¿Cómo **te relajas**? *How do you relax?*

- Some reflexive verbs are also stem-changing (see B2.5 on page 141).

acostarse (ue)	*to go to bed*
despertarse (ie)	*to wake up*
vestirse (i)	*to get dressed*

  Me acuesto a las once. *I go to bed at eleven.*

  No me despierto temprano. *I don't wake up early.*

  Me visto en seguida. *I get dressed straightaway.*

B11 The immediate future

The immediate future expresses what you are going to do soon or shortly.

- Use *ir a* (to go to) followed by an infinitive:

  Voy a jugar al tenis.   *I am going to play tennis.*

  ¿Vas a salir con Marisa?
  Are you going to go out with Marisa?

  Van a hacer los deberes.
  They are going to do their homework.

- As in English, you can use part of *ir* followed by the infinitive *ir* to mean 'going to go':

  Voy a ir al polideportivo.
  I am going to go to the sports centre.

  Vamos a ir a la cafetería.
  We are going to go to the café.

B12 The future tense of regular verbs

- The future tense is used to express what **will** happen in the future. To form the future tense, add the following endings to the infinitive:

	–ar	–er	–ir
	estudiar (to study)	ser (to be)	ir (to go)
yo	estudiar**é**	ser**é**	ir**é**
tú	estudiar**ás**	ser**ás**	ir**ás**
él, ella, usted	estudiar**á**	ser**á**	ir**á**
nosotros/as	estudiar**emos**	ser**emos**	ir**emos**
vosotros/as	estudiar**éis**	ser**éis**	ir**éis**
ellos, ellas, ustedes	estudiar**án**	ser**án**	ir**án**

  El año próximo **estudiaré** historia.
  Next year I will study history.

  Seré ingeniero en el futuro.
  I will be an engineer in the future.

B12.1 The future tense of irregular verbs

- There are a few very common irregular verbs:

salir – saldré	poner – pondré	venir – vendré
hacer – haré	poder – podré	

B13 The preterite tense of regular verbs

- The preterite tense expresses what happened in the past:

  I went to a party last night. I met my friends and danced to the music.

This is the pattern for regular verbs:

	–ar	–er	–ir
	habl**ar** *(to speak)*	com**er** *(to eat)*	viv**ir** *(to live)*
yo	habl**é**	com**í**	escrib**í**
tú	habl**aste**	com**iste**	escrib**iste**
él, ella, usted	habl**ó**	com**ió**	escrib**ió**
nosotros/as	habl**amos**	com**imos**	escrib**imos**
vosotros/as	habl**asteis**	com**isteis**	escrib**isteis**
ellos, ellas, ustedes	habl**aron**	com**ieron**	escrib**ieron**

  Hablé con Juana por teléfono.
  I spoke to Juana on the phone.

  Comí con mis amigos en una pizzería.
  I ate with my friends in a pizzería.

  Escribí un mensaje de texto.
  I wrote a text message.

Gramática

- The spelling of the *yo* form of the verbs *jugar* (to play) and *navegar* (to surf) is slightly different. After the letter *g*, add *u* to keep the same hard ('*guh*') sound:

  Yo **jugué** bien pero Martín jugó mal.
  I played well, but Martín played badly.
  Navegué por Internet toda la noche.
  I surfed the net all night.

B13.1 The preterite tense of irregular verbs

- The verb *ir* (to go)/*ser* (to be) is irregular in the preterite tense:

	ir (*to go*)/**ser** (*to be*)
yo	**fui**
tú	**fuiste**
él, ella, usted	**fue**
nosotros/as	**fuimos**
vosotros/as	**fuisteis**
ellos, ellas, ustedes	**fueron**

  ¿Adónde **fuiste** anoche?   *Where did you go last night?*
  Fui a casa temprano.   *I went home early.*

- *Ir* shares its preterite form with the verb *ser*, to be.
  El año pasado **fue** a España.
  Last year she went to Spain.
  Fue estupendo.
  It was great.

- The verb *hacer* (to do) is also irregular in the preterite tense:

	hacer (*to do*)
yo	**hice**
tú	**hiciste**
él, ella, usted	**hizo**
nosotros/as	**hicimos**
vosotros/as	**hicisteis**
ellos, ellas, ustedes	**hicieron**

- The preterite form of *hay...*, there is/there are is *hubo...*, there was/there were.

- The preterite form of the verb *estar* is useful to talk about where people or places were situated when an action was finished.

	estar (*to be*)
yo	**estuve**
tú	**estuviste**
él, ella, usted	**estuvo**
nosotros/as	**estuvimos**
vosotros/as	**estuvisteis**
ellos, ellas, ustedes	**estuvieron**

  Estuve en mi casa.   *I was in my house.*
  Estuvimos en el centro.   *We were in the town centre.*
  Estuvo en un restaurante.   *He was in a restaurant.*

B14 The imperfect tense of regular verbs

- The imperfect tense **describes** what something or somebody was like in the past, e.g. what the weather was like. It is also used for actions that are repeated in the past and for actions that set the stage for another action.
  Hacía sol.   *It was sunny.*
  Tenía hambre y mucha sed.   *I was hungry and very thirsty.*
  Estaba sola.   *I was alone.*

- To form the imperfect tense of –ar verbs, drop the –ar and add:

	estar (*to be*)
yo	est**aba**
tú	est**abas**
él, ella, usted	est**aba**
nosotros/as	est**ábamos**
vosotros/as	est**abais**
ellos, ellas, ustedes	est**aban**

- To form the imperfect tense of –er and –ir verbs, drop the –er or –ir and add:

	hacer (*to do*)	**vivir** (*to live*)
yo	hac**ía**	viv**ía**
tú	hac**ías**	viv**ías**
él, ella, usted	hac**ía**	viv**ía**
nosotros/as	hac**íamos**	viv**íamos**
vosotros/as	hac**íais**	viv**íais**
ellos, ellas, ustedes	hac**ían**	viv**ían**

B14.1 The imperfect tense of irregular verbs

- There are only three verbs that are irregular in the imperfect tense.

	ser (*to be*)	**ir** (*to go*)	**ver** (*to see*)
yo	**era**	**iba**	**veía**
tú	**eras**	**ibas**	**veías**
él, ella, usted	**era**	**iba**	**veía**
nosotros/as	**éramos**	**íbamos**	**veíamos**
vosotros/as	**erais**	**ibais**	**veíais**
ellos, ellas, ustedes	**eran**	**iban**	**veían**

  Eran las tres de la tarde.
  It was three o'clock in the afternoon.
  Veía la tele a medianoche.
  I was watching the television at midnight.
  Iba a la misa todos los domingos.
  She went to church every Sunday.

- The imperfect tense of *hay* (there is/there are) is *había* (there was/there were).
  No **había** muchos viajeros en el tren.
  There weren't many people travelling on the train.

B15 Commands

- These are instructions to do something. The command form for *tú* is created as follows: *–ar* and *–er* regular verbs drop the final *–r* of the infinitive; *–ir* regular verbs drop the *–r* and change the *i* into an *e*:

  > pasar – **pasa** (*come in!*)
  > beber – **bebe** (*drink!*)
  > vivir – **vive** (*live!*)

B15.1 Negative commands

- For the negative command form, endings need to change:

–ar > –es	pasar > **no pases** (*don't come in!*)
–er > –as	beber > **no bebas** (*don't drink!*)
–ir > –as	vivir > **no vivas** (*don't live!*)

B15.2 Polite singular commands

- Polite or formal commands are made to someone to whom you would use *usted* – an adult you don't know, or someone in a position of authority.

Infinitive		Change last letter of the *usted* form		Singular command	English
–ar	hablar	habla	→	habl**e**	*speak!*
–er	comer	come	→	com**a**	*eat!*
–ir	escribir	escribe	→	escrib**a**	*write!*

  ¡**Hable** más despacio, por favor! *Speak more slowly, please!*
  Come la paella, señor – es muy buena.
  Eat the paella, sir – it's very good.
  Escriba su apellido, por favor.
  Write down your surname, please.

- Some commands have irregular forms:

Infinitive	Singular command	English
seguir *to follow, carry on*	**siga**	*carry on …!*
torcer *to turn*	**tuerza**	*turn …!*
cruzar *to cross*	**cruce**	*cross …!*

  Siga todo recto. *Carry straight on.*
  Tuerza a la derecha. *Turn right.*
  Cruce la calle. *Cross the street.*

B16 Infinitives

- In English, the infinitive of a verb begins with *to*: *to go, to have, to study* are all infinitive forms. In Spanish, the infinitive ends in one of three ways:
  –ar e.g. hablar (*to speak*)
  –er e.g. comer (*to eat*)
  –ir e.g. vivir (*to live*)
  This is the part of the verb you will find in the dictionary.

B17 In order to…

- To express 'in order to' in Spanish, use *para* and the infinitive form of the verb:
  Ahorro dinero **para** viajar al extranjero.
  I'm saving money in order to travel abroad.
  Voy al centro **para** comprar ropa.
  I'm going to the centre in order to buy clothes.
  Hago deporte **para** estar en forma.
  I do sport in order to keep fit.

C Other parts of a Spanish sentence

C1 Pronouns

C1.1 Subject pronouns

- Subject pronouns (I, you, he, she, etc) explain **who** is doing something. In Spanish, these are:

I	**yo**
you (informal, sing.)	**tú**
he	**él**
she	**ella**
you (formal, sing.)	**usted**
we	**nosotros/as**
you (informal, pl.)	**vosotros/as**
they (masc.)	**ellos**
they (fem.)	**ellas**
you (formal, pl.)	**ustedes**

- Spanish uses different words for 'you' depending on whether the relationship is informal or formal.
  Informal
  When talking to a young person or child, or an adult you know well, use
  tú when talking to one person
  vosotros when talking to more than one person
  If the people you're talking to are female, use **vosotras**.
  > Estoy bien, gracias, Juana. ¿Y tú?
  > *I'm fine, thanks, Juana. And you?*
  > ¿Qué tal vosotros, Paco y Felipe?
  > *How are you, Paco and Felipe?*
  > ¿Y vosotras, Ana y María? *And you, Ana and María?*

  Formal
  When talking to an adult you do not know or who is in authority, use
  usted when talking to one person
  ustedes when talking to more than one person
  > Estoy muy bien. ¿Y usted, Sr. Muñoz?
  > *I'm very well. And you, Mr. Muñoz?*
  > ¿Y ustedes, Sr. y Sra. Galván?
  > *And you, Mr. and Mrs. Galván?*

- You don't normally need to use the subject pronouns, as the ending of the verb tells you who is speaking. Use them for emphasis or to make things clear.
  > <u>Él</u> va al instituto, pero <u>yo</u> no voy.
  > *<u>He</u> is going to school, but <u>I'm</u> not going.*

ciento cuarenta y cinco 145

Gramática

C1.2 Direct object pronouns

- Pronouns replace a noun. They are often used in order to avoid repetition:

  The jumper is very pretty – I'll take it (the jumper).
  I like the shoes – I'll take them (the shoes).

- Object pronouns *(it, them)* in Spanish match the number and gender of the noun they are replacing.

it	(m. sing.)	**lo**	¿El jersey? Me **lo** llevo. *The jumper? I'll take it.*
	(f. sing.)	**la**	¿La camisa? **La** dejo. *The shirt? I'll leave it.*
them	(m. pl.)	**los**	Los zapatos – ¿me **los** puedo probar? *The shoes – can I try them on?*
	(f. pl.)	**las**	Las sandalias – ¿me **las** puedo probar? *The sandals – can I try them on?*

C1.3 Disjunctive pronouns

- After certain prepositions like *para* (for) and *sin* (without), you need a disjunctive pronoun. You will see that they are the same as the subject pronouns (see C1.1 on page 145), except for the first two. Note that you need an accent on **mí** to differentiate it from *mi* (my).

mí	*me*
ti	*you (informal, singular)*
él, ella, usted	*him, her, you (formal, singular)*
nosotros/as	*us*
vosotros/as	*you (informal, plural)*
ellos/as, ustedes	*them, you (formal, plural)*

¿Es para **mí**? ¡Gracias!   *Is it for me? Thank you!*
¿Y para **ti**? ¿Un té?   *And for you? Tea?*
Para **nosotros**, café.   *For us, coffee.*

C2 Negative sentences

- To make a sentence negative in Spanish, put the word *no* in front of the verb.

  No quiero café, gracias.   *I don't want coffee, thanks.*
  No voy a ir al cine.   *I'm not going to go to the cinema.*
  ¿**No** puedes venir mañana?   *Can't you come tomorrow?*

- The following common negatives are wrapped around the verb:

no... nada	*nothing, not... anything*
no... nadie	*no-one*
no... ni... ni...	*not either... or.../ neither... nor...*

  No quiero **nada**.   *I don't want anything.*
  No viene **nadie** a la fiesta.   *No-one is coming to the party.*
  No tengo **ni** boli **ni** lápiz.   *I have neither a biro nor a pencil.*
  No como **nunca** pescado.   *I never eat fish.*

C3 Questions

- You can turn statements into questions by putting an upside down question mark at the beginning (¿) and one the right way up at the end (?) and making your voice go higher at the end of the sentence.

  Puedo ir al patio.   *I can go to the playground.*
  ¿Puedo ir al patio?   *Can I go to the playground?*

  Notice that the word order changes in English but not in Spanish.

- Many questions contain special question words like these:

cómo	*how*	¿Cómo vas al colegio?	*How do you go to school?*
cuándo	*when*	¿Cuándo nos encontramos?	*When shall we meet?*
cuánto	*how much*	¿Cuánto dinero recibes?	*How much money do you get?*
dónde	*where*	¿Dónde vives?	*Where do you live?*
por qué	*why*	¿Por qué no te gusta el inglés?	*Why don't you like English?*
qué	*what*	¿Qué vas a hacer?	*What are you going to do?*
quién	*who*	¿Quién te da el dinero?	*Who gives you the money?*

- When question words are not used in questions, they don't have an accent.

  No salgo **cuando** llueve.   *I don't go out when it rains.*

- *Por qué* (why) becomes one word *(porque)* when it means 'because'.

  ¿**Por qué** no te gusta este libro? **Porque** es aburrido.
  Why don't you like this book? Because it's boring.

C3.1 Questions with prepositions in front

- When you ask a question that requires the use of a preposition in Spanish, the preposition must appear before the question word. In English, it is more common for it to appear at the end of the question.

  ¿**Con** quién fuiste?   *Who did you go with?*
  ¿**Para** qué fuiste?   *What did you go for?*
  ¿**De** qué está hecho?   *What is it made of?*
  ¿**Adónde** fuiste?   *Where did you go to?*

C4 Prepositions

C4.1 a: al, a la

- *a* means 'to':
  Voy **a** Madrid. *I'm going to Madrid.*
  ¿Vas **a** la discoteca? *Are you going to the disco?*

- *a + el > al*
  To make it easier to say, when *a* is followed by *el* it becomes *al*.

  Me gusta ir **al** cine.   *I like going to the cinema.*

- **a** + distance and time

  To say that something is so many kilometres or minutes away, use *a*.

    Vivo **a** cinco minutos del centro.
    I live five minutes away from the centre.

    Mi casa está **a** quince kilómetros.
    My house is fifteen kilometres away.

C4.2 The personal a

- In Spanish, when the direct object is a person, you must put the word **a** in front of it. This is called the personal *a*. It doesn't exist in English.

    ¿**A** quién conociste?   Conocí **a** una chica.
    Who did you meet?   I met a girl.

    ¿Ves **a** Juan?   *Do you see Juan?*

    No, pero veo **a** su amiga.   *No, but I see his friend.*

C4.3 de: del, de la

- **de** means 'of':

  In English you say 'my parents' bedroom' and 'the Spanish teacher', but in Spanish you say, *el dormitorio **de** mis padres* (literally: the bedroom **of** my parents) and *el profesor **de** español* (literally: the teacher **of** Spanish).

- **de + el > del**

  As with *al*, to make it easier to say, when *de* is followed by *el* it becomes *del*.

    Vivo cerca **del** polideportivo.   *I live near the sports centre.*

C4.4 More prepositions

- Some prepositions are followed by *de* in Spanish:

    al lado **de**   *next to*   detrás **de**   *behind*
    delante **de**   *in front of*   debajo **de**   *underneath*
    encima **de**   *on top of*   cerca **de**   *near*
    lejos **de**   *far from*   enfrente **de**   *opposite*

    El pueblo está cerca **de** la costa.   *The town is near the coast.*

    La lámpara está encima **del** armario.
    The lamp is on top of the cupboard.

- **En** means 'in' and is used in a lot of different expressions:

    en el norte *in the north*

    en Madrid *in Madrid*

    en clase *in class*

    en primavera *in spring*

- Use **para** (in order to) + infinitive to say the reason for doing something (see **B17**).

    Trabajo **para** ahorrar dinero.
    I work (in order) to save money.

C5 Adverbs

- Adverbs describe verbs, adjectives or other adverbs. Adverbs are often words that end in –ly in English. To form an adverb, add –*mente* to the feminine singular form of the adjective.

masculine singular	feminine singular	adverb
aproximado	aproximada	aproximadamente
difícil	difícil	difícilmente
exacto	exacta	exactamente

    ¿A qué hora llega el tren **aproximadamente**?
    What time does the train arrive approximately?

    ¿A qué hora llega el tren **exactamente**?
    What time does the train arrive exactly?

- Some common adverbs do not follow the pattern above:

    bastante   *quite*   muy   *very*
    demasiado *too*   nunca   *never*
    mal   *badly*   poco   *little*
    mucho   *a lot*   siempre   *always*

C6 Linking sentences

- Use the following words to link shorter sentences and make longer ones:

  y *and* Los sábados voy al cine **y** los domingos juego al baloncesto.
  *On Saturdays I go to the cinema **and** on Sundays I play basketball.*

  pero *but* Me gustan las matemáticas **pero** prefiero la geografía.
  *I like Maths **but** I prefer Geography.*

  y luego *and then* Los viernes por la tarde tenemos inglés **y luego** tenemos física.
  *On Friday afternoons we have English **and then** we have Physics.*

  o *or* ¿Prefieres la Coca-Cola **o** el té?
  *Do you prefer Coke **or** tea?*

  porque *because* Odio la ciudad **porque** es ruidosa y sucia.
  *I hate the city **because** it's noisy and dirty.*

  así que *and so* El domingo heló **así que** fuimos a patinar sobre hielo en el lago.
  *On Sunday it was icy **and so** we went to skate on the lake.*

  y por eso *and because of that* El martes nevó en la sierra **y por eso** fuimos de paseo por la ciudad y visitamos la Alhambra.
  *On Tuesday it snowed in the mountains **and because of that** we went for a walk through the city and visited the Alhambra.*

  como *as* El sábado hubo una tormenta enorme y **como** me encantan las tormentas, saqué muchas fotos.
  *On Saturday there was an enormous storm and **as** I love storms, I look lots of photos.*

Gramática

D Numbers, time, frequency

D1.1 Numbers

1 un		30 treinta	
2 dos		40 cuarenta	
3 tres		50 cincuenta	
4 cuatro		60 sesenta	
5 cinco		70 setenta	
6 seis		80 ochenta	
7 siete		90 noventa	
8 ocho			
9 nueve		31 treinta y uno	
10 diez		32 treinta y dos	
11 once		41 cuarenta y uno	
12 doce		42 cuarenta y dos	
13 trece			
14 catorce		100 cien (ciento)	
15 quince		200 doscientos	
16 dieciséis		300 trescientos	
17 diecisiete		400 cuatrocientos	
18 dieciocho		500 **quinientos**	
19 diecinueve			
20 veinte		600 seiscientos	
21 veintiuno		700 **setecientos**	
22 veintidós		800 ochocientos	
23 veintitrés		900 **novecientos**	
24 veinticuatro		1000 mil	
25 veinticinco		2000 dos mil	

- Use *cien* to talk about exactly a hundred:
  Hay **cien** alumnos. *There are a hundred pupils.*

- Use *ciento* when 100 is followed by another number:
  Ciento cuarenta y dos profesores.
  A hundred and forty-two teachers.

- Numbers are normally formed in the hundreds by adding *cientos* to the number: tres**cientos**
  BUT the following are exceptions: **quinientos**, **sete**cientos, **nove**cientos

- Numbers ending in *–cientos/as* are adjectives and must agree with the noun they describe:
  setecientos libros
  seven hundred books
  ochocientas veinte profesoras
  eight hundred and twenty female teachers

- In Spanish, the word 'and' is placed between the tens and units but **NOT** after the hundred words:
  trescientos cuarenta **y** dos *three hundred **and** forty-two*

- In Spanish, you don't need to add 'a' or 'one' before hundreds and thousands:
  cien = *a or one hundred*
  mil = *a or one thousand*

D1.2 Ordinal numbers

1st	primero/a	6th	sexto/a
2nd	segundo/a	7th	séptimo/a
3rd	tercero/a	8th	octavo/a
4th	cuarto/a	9th	noveno/a
5th	quinto/a	10th	décimo/a

- Ordinal numbers are adjectives so they agree with the noun they describe:
  la **primera** calle a la derecha *the first street on the right*
  Vivo en el **segundo** piso. *I live on the second floor.*

- When they come before a noun, *primero* and *tercero* lose their final *–o*:
  Está en el **primer** piso. *It's on the first floor.*

D2 Time

The 12-hour clock is written as follows:

Es la una	Son las dos menos veinticinco
Es la una y cinco	Son las dos menos veinte
Es la una y diez	Son las dos menos cuarto
Es la una y cuarto	Son las dos menos diez
Es la una y veinte	Son las dos menos cinco
Es la una y veinticinco	Son las dos
Es la una y media	

- To talk about time past the hour use **y**:
  las dos **y** cuarto
  *a quarter past two (literally the two **and** quarter)*

- to talk about time to the hour use **menos**:
  las dos **menos** cuarto
  *a quarter to two (literally the two **minus** quarter)*

- to say at a certain time, use **a**:
  a las dos *at two o'clock*

- use **es** for any time related to one o'clock (*la una*) and **son** with all other hours:
  es la una *it's one o'clock*   **son** las tres *it's three o'clock*

D3 Days and dates

- Use the usual numbers in dates:
  Mi cumpleaños es el treinta y uno de diciembre.
  My birthday is on the 31st of December.

- Days and months don't have capitals in Spanish:
  lunes 5 de junio *Monday the 5th of June*

- When talking about what is happening on a specific day of the week, put **el** in front of the day:
  El lunes, voy al polideportivo.
  On Monday I'm going to the sports centre.

- When talking about what happens regularly on a certain day of the week, use **los**:
  Los domingos, salgo con mi familia.
  On Sundays I go out with my family.

D4 Expressions of quantity

- Expressions of quantity are followed by **de**:
  Un kilo de…
  Un paquete de…
  100 gramos de…

D5 When and how often

- Use the following phrases to say how often you do something:
  una vez a la semana   *once a week*
  dos veces al mes   *twice a month*
  todos los días   *every day*
  el fin de semana   *at weekends*
  por la mañana/tarde   *in the morning/afternoon*
  temprano/tarde   *early/late*
  entresemana   *during the week*

D6 How long, since, desde hace

- To say that you **have done** or **have been doing** something for a certain length of time, you use the present tense and *desde hace*.
  ¿Desde cuándo tiene tos?
  How long have you had a cough?
  Desde hace dos días.   *For two days.*
  ¿Desde cuándo le duele la garganta?
  How long have you had a sore throat?
  Desde hace una semana.   *For a week.*
  Vivo aquí **desde hace** 5 años.
  I have been living here for 5 years.

E Stress and accentuation

- There are relatively simple rules about where the stress falls on a Spanish word. Remember this simple rhyme:
  Vowel, *n* or *s* penultimate stress
  All other words last vowel stress.
  h**a**blo, h**a**blas, h**a**blan – stress on penultimate (next to last) syllable
  h**a**blar, h**a**blad – stress on last syllable
  Madr**i**d – ends in a consonant (other than *n* or *s*)
  Barcel**o**na – ends in a vowel

- If the stress is to be put on a different syllable, an accent will be in place. For example: *jamón, cóctel, kilómetros, estación, televisión, teléfono, está, ¡Así!*

- In some cases, the accent over the vowel does not change the stress. It is there to remove any confusion that there might be between two words that are spelt the same. We write *para mí* and *para él* but in *para ti*, the word *ti* does not need an accent because there is not another word that could be confused with it.

Para **mí**, el gazpacho.	**Mi** gazpacho está bueno.
Para **él**, el salmón.	Creo que **el** pollo es delicioso.
¿Quieres **té**?	¿**Te** gusta el chocolate?
Vamos a tomar **esta** mesa.	Prefiero **ésta**.
Pregunta a tu mamá **si** quiere café.	**Sí**, papá.

- Exclamations, like questions, have the same word order as statements in Spanish. The intonation has to show you are pronouncing an exclamation.

¡Así se hace! *Using the glossary*

Words are in alphabetical order. To find a word, look up its first letter, then find it according the alphabetical order of its second and third letters:

e.g. **amigo** comes before **azul** because **am-** comes before **az-**.

A

aburrido *boring*
aburrirse *to be bored*
acabar *to finish*
acabarse de
    to have just (done something)
    Acabo de volver *I've just come back*
la **acción f** *action*
el aceite de oliva m *olive oil*
acostarse *to go to bed*
la **actividad f** *activity*
activo *active*
de **acuerdo** *agreed, OK*
¿adónde? *where to?*
afectar *to affect*
las **afueras fpl** *outskirts*
el **agua f** *water*
no **aguanto** *I can't bear*
ahora *now*
al **aire libre** *out of doors*
el ajo m *garlic*
el alcohol m *alcohol*
el algodón m *cotton*
el algodón dulce m *popcorn*
    de algodón *(made of) cotton*
la **almohada f** *pillow*
el alojamiento m *accommodation*
alojarse *to stay*
alquilar *to hire*
alrededor de *around*
alto/a *high, tall*
el alumno m, **la alumna f** *pupil*
el amante m, **la amante f** *lover*
el ambiente m *atmosphere*
el amigo m, **la amiga f** *friend*
ancho/a *wide*
el **andén m** *platform*
el anillo m *ring*
la **animación nocturna f**
    evening entertainment
el año m *year*
    el año nuevo *new year*
    el año pasado *last year*
antes *before*
el antibiótico m *antibiotic*
anticuado/a *old-fashioned*
antipático/a *unpleasant*
antiséptico *antiseptic*
el anuncio m *advert*
apagar *to switch off*
aparecer *to appear*
el apartamento m *apartment, flat*
me **apasiona** *I love*
¿te apetece...? *do you fancy...?*
el apoderado m *teacher in charge of*
    discipline in Chilean schools
el árbol de Navidad m *Christmas tree*
el argumento m *plot (of story)*
el arquitecto m, **la arquitecta f** *architect*
arreglar *to tidy*

el arroz con leche m *rice pudding*
el artista m, **la artista f** *artist*
el asado m *roast*
así que *and so*
la **asignatura f** *school subject*
la **aspiradora f** *vacuum cleaner*
la **aspirina f** *aspirin*
atractivo/a *attractive*
el atún m *tuna*
el **aula f** *classroom*
el autobús m *bus*
el autocar m *coach*
el autor m, **la autora f** *author*
la **aventura f** *adventure*
el avión m *aeroplane*
ayer *yesterday*
ayudar *to help*
    ¿En qué puedo ayudarle?
    How can I help you?
el azúcar m *sugar*
azul celeste *light blue*
azul marino *dark blue*

B

el bacalao m *cod*
la **bahía f** *bay*
bailar *to dance*
bajo/a *short*
la **ballena f** *whale*
barato/a *cheap*
la **barbacoa f** *barbecue*
el barco m *boat*
la **barra f** *loaf*
bastante *quite*
la **basura f** *rubbish*
el bebé m *baby*
beber *to drink*
la **bebida f** *drink*
el belén m *nativity scene/crib*
el billete m *ticket*
    un billete de ida y vuelta
        a return ticket
    un billete sencillo *a single ticket*
el bistec m *steak*
el bocadillo m *sandwich*
la **bocina f** *car horn*
bonito/a *pretty*
la **botella f** *bottle*
el bote m *jar*
el brazo m *arm*
el brujo m, **la bruja f** *wizard/witch*
el bungalow m *bungalow*
burdeos *burgundy*
buscar *to look for*

C

la **cabaña f** *cabin*
la **cabeza f** *head*
el café m *coffee*
la **caja f** *box, packet*
los calamares mpl *squid*

los calcetines mpl *socks*
la **calefacción f** *heating*
la **calle f** *street*
la **cama f** *bed*
la **cámara f** *camera*
el camarero m, **la camarera f**
    waiter, waitress
la **camisa f** *shirt*
la **camiseta f** *T-shirt*
la **campanada f** *chime*
el camping m *campsite*
la **caña de azúcar f** *sugar cane*
el canal m *TV channel*
el caramelo para la garganta m
    throat sweet
cariñoso/a *affectionate*
el carnaval m *carnival*
la **carne f** *meat*
la **carnicería f** *butcher's*
caro/a *expensive*
la **carretera f** *road*
el cartel m *poster*
la **cartelera f** *listing*
el cartón m *cardboard*
la **casa f** *house*
casado/a *married*
casarse *to get married*
casi *almost*
la **cebolla f** *onion*
celebrar *to celebrate*
la **cena f** *evening meal*
cenar *to have dinner*
el centro m *centre*
el centro nuclear m *nuclear power station*
cerca de *near*
cerrar *to close*
el champú m *shampoo*
el chicle m *chewing gum*
el chico m, **la chica f** *boy, girl*
la **ciencia ficción f** *science fiction*
el científico m, **la científica f**
    male/female scientist
el cine m *cinema*
la **cita f** *appointment, date*
    tengo cita *I have an appointment*
la **ciudad f** *town, city*
claro/a *light*
el coche m *car*
la **cocina f** *cookery*
cocinar *to cook*
el cóctel de gambas m *prawn cocktail*
la **cofradía f** *religious brotherhood*
coger *to catch, take*
el colegio m *school*
el color m *colour*
el combustible vegetal m
    vegetable-based fuel
la **comedia f** *comedy*
comer *to eat, have lunch*
la **comida f** *meal*
la **comida rápida f** *fast food*

como *as*
  como consecuencia
    as a consequence
cómodo/a *comfortable*
compartir *to share*
el **comportamiento** m *behaviour*
comprar *to buy*
comprensivo/a *understanding*
con *with*
  ¿con quién? *who with?*
  conmigo *with me*
  contigo *with you*
el **concurso** m *quiz show*
conocer *to meet, get to know*
  Le conozco desde hace un año
    I've known him for a year
consiste en *(it) consists of*
la **contaminación atmosférica** f
    air pollution
contaminar *to contaminate*
en **contra** *against*
conveniente *convenient*
el **corazón** m *heart*
la **corbata** f *tie*
el **cordero asado** m *roast lamb*
cortés/cortesa *polite*
la **cortina** f *curtain*
corto/a *short*
costar *to cost*
  ¿Cuánto cuesta?
    How much does it cost?
creer *to believe, think*
la **crema** f *cream*
de **cuadros** *checked*
¿cuál? *which?*
¿Cuál prefieres? *Which do you prefer?*
la **cualidad** f *quality*
cuidar *to look after*
el **cumpleaños** m *birthday*

D

dar *to give*
  Dan miedo *They are scary*
dar una vuelta *to go for a walk*
darse bien *to be good at*
debajo de *beneath, below, under*
el **debate** m *debate*
deber *to have to*
  debes *you should*
los **deberes** mpl *homework*
dejar *to leave, to let*
delante de *in front of*
delgado/a *thin*
delicioso/a *delicious*
demasiado *too (much)*
el **dentista** m, la **dentista** f
  male/female dentist
el **dependiente** m, la **dependienta** f
  male/female shop assistant
el **deporte** m *sport*
deportista *sporty*
a la **derecha** *on the right*
el **desastre** m *disaster*
desayunar *to have breakfast*
descansar *to rest*
¿desde cuándo? *how long?*
desde hace *for*
los **desechos domésticos** mpl
  domestic waste
desorganizado/a *disorganised*
despedirse *to say goodbye*
el **despertador** m *alarm clock*

despertarse *to wake up*
después *after(wards)*
con destino a *going to*
detestar *to detest*
el **día** m *day*
  al día *a/per day*
  el día del padre *Father's Day*
  el día de la madre *Mother's Day*
  quince días *a fortnight*
la **dieta equilibrada** f *balanced diet*
la **dieta sana** f *healthy diet*
difícil *difficult*
el **dinero** m *money*
el **dios** m, la **diosa** f *god, goddess*
el **director** m, la **directora** f
  male/female manager
disfrutar *to enjoy*
divertido/a *enjoyable, good fun*
divertirse
  to have a good time, to enjoy oneself
divorciado/a *divorced*
la **docena** f *dozen*
el **documental** m *documentary*
doler *to hurt*
  Me duele la garganta *My throat hurts*
el **dolor** m *pain, ache*
dormir *to sleep*
el **dormitorio** m *bedroom*
  mi propio dormitorio
    my own bedroom
la **droguería** f *cleaning products shop*
ducharse *to have a shower*
el **dulce** m *sweet*
durante *for*
durar *to last*

E

ecológico/a *ecological*
el **ecoturismo** m *ecotourism*
educativo/a *educational*
el **ejercicio** m *exercise*
elegante *elegant*
emocionante *exciting*
empezar *to begin*
el **empleado** m, la **empleada** f
  de banco/oficina
    male/female bank/office worker
el **empollón redomado** m
    out and out swot
me **encanta(n)** *I love*
encantado/a *pleased to meet you*
encender *to light*
encontrarse *to meet*
  ¿Dónde nos encontramos?
    Where shall we meet?
el **enfermero** m, la **enfermera** f
  male/female nurse
la **ensalada de fruta** f *fruit salad*
la **ensalada mixta** f *mixed salad*
la **ensalada verde** f *green salad*
entenderse *to get on*
entre *between*
entretenido/a *entertaining*
equilibrado/a *balanced*
el **equipo de música** m *hifi equipment*
el **escritor** m, la **escritora** f
  male/female writer
el **escudo** m *badge*
esencial *essential*
la **espalda** f *back*
el **espejo** m *mirror*
esperar *to wait; to hope*

la **estación** f *station*
la **estancia** f *estate, farm*
el **estante** m *shelf*
estar *to be*
  No estuvo mal *It wasn't bad*
el **este** m *east*
el **estómago** m *stomach*
  Tengo dolor de estómago
    I have a stomach ache
la **estrella** f *star*
estresado/a *stressed*
  No estés estresado/a
    Don't be stressed
estricto/a *strict*
el **estudiante** m, la **estudiante** f
  male/female student
en **exceso** *excessively*
el **éxito** m *success*
expulsar *to expel*

F

la **fábrica** f *factory*
fabuloso *great*
fácil *easy*
la **falda de tablas** f *pleated skirt*
una **falta grave** f *a serious offence*
una **falta leve** f *a minor offence*
la **fama** f *fame*
la **familia** f *family*
la **farmacia** f *chemist's*
a **favor** *for (in favour of)*
feo/a *ugly*
la **feria** f *fair*
el **ferrocarril** m *railway*
la **fiebre** f *temperature*
  Tengo fiebre *I have a temperature*
la **fiesta** f *holiday, festivity*
el **fin** m *end*
  el fin de semana *weekend*
al **final** *at the end*
finalmente *finally*
el **flan** m *egg custard*
la **flota** f *fleet*
formal *formal*
fregar los platos *to wash up*
el **frijol** m *bean*
frío/a *cold*
  Tengo mucho frío *I am very cold*
la **fruta** f *fruit*
el **fuego artificial** m *firework*
fuera *outside*
el **fumador** m, la **fumadora** f
  male/female smoker
fumar *to smoke*

G

las **gafas de sol** fpl *sunglasses*
la **gamba** f *prawn*
ganar *to win*
la **garganta** f *throat*
el **gas** m *gas*
gastar *to spend*
el **gazpacho** m *cold tomato soup*
el **gemelo** m, la **gemela** f
  male/female twin
en **general** *in general*
genial *great, fabulous*
la **gente** f *people*
gordo/a *fat*
la **gorra** f *cap*
unas gotas para los ojos fpl *eye drops*
grande *big*

Vocabulario Español – Inglés

los **grandes almacenes mpl**
department store
grave *serious*
el **gripe m** *flu*
Tengo gripe *I have flu*
guapo/a *good-looking*
la **guerra f** *war*
me **gusta(n)** *I like*
me **gustaría** *I would like*

H

había *there was/were*
la **habitación f** *room*
hablador(a) *talkative*
habrá *there will be*
hacer *to make, do*
hace falta *is lacking*
me hace falta una almohada
I need a pillow
se hace con... *it's made of...*
¿te hace falta algo?
do you need anything?
hacer alpinismo *to go climbing*
hacer la cama *to make the bed*
hacer caminatas *to go for walks*
hacer equitación *to go horse riding*
hacer esquí (náutico)
to go (water-)skiing
hacer excursiones *to go on trips*
hacer piragüismo *to go canoeing*
hacer trekking *to go trekking*
hacía sol *it was sunny*
la **hamburguesa f** *hamburger*
hasta *until*
hay que *it is necessary to*
el **helado m** *ice cream*
helar *to be icy*
el **hermanastro m**, **la hermanastra f**
stepbrother, stepsister
el **hermano m**, **la hermana f**
brother, stepsister
el **hijo m**, **la hija f** *son, daughter*
la **historia f** *story*
la **hoguera f** *bonfire*
¿a qué hora? *(at) what time?*
una **hora de retraso f** *an hour's delay*
el **horario m** *timetable*
el **hotel m** *hotel*
hubo niebla *it was foggy*
hubo tormenta *it was stormy*
el **huevo m** *egg*
el **humo m** *smoke*

I

el **idioma m** *language*
la **imagen f** *statue, image*
importante *important*
incómodo/a *uncomfortable*
infantil *childish*
el **ingeniero m**, **la ingeniera f**
male/female engineer
el **ingrediente m** *ingredient*
la **insolación f** *sunstroke*
Tengo una insolación
I have sunstroke
insoportable *unbearable*
el **instituto m** *school*
inteligente *intelligent*
el **intercambio m** *exchange*
interesante *interesting*
Internet m *internet*

el **invierno m** *winter*
invitar *to invite*
ir *to go*
ir de compras *to go shopping*
ir de vacaciones *to go on holiday*
a la izquierda *on the left*

J

el **jabón m** *soap*
el **jamón m** *ham*
el **jarabe m** *cough medicine*
el **jefe m** *head, leader*
el **jersey de pico m** *V-neck jumper*
jubilado/a *retired*
las **judías verdes fpl** *green beans*
jugar *to play*
justo/a *fair*

K

el **kilo m** *kilo*

L

al **lado de** *next to*
la **lámpara f** *lamp*
la **lana f** *wool*
de lana *woollen*
largo/a *long*
la **lata f** *tin, can*
lavar *to wash*
la **leche f** *milk*
la **lechuga f** *lettuce*
la **lectura f** *reading*
leer *to read*
el **legumbre m** *vegetable*
lento/a *slow*
levantarse *to get up*
libre *free*
la **librería f** *bookcase*
el **libro m** *book*
el **limón m** *lemon*
limpiar *to clean*
el **litro m** *litre*
la **lucha f** *struggle*
el **lugar m** *place*
la **luz f** *light*

LL

llamarse *to be called*
la **llegada f** *arrival*
llegar *to arrive*
llevar *to wear, to carry*
llorar *to cry*
llover *to rain*
la **lluvia ácida f** *acid rain*

M

la **madrastra f** *stepmother*
la **madre f** *mother*
el **maíz m** *maize*
la **mañana f** *morning; tomorrow*
esta mañana *this morning*
mañana por la mañana
tomorrow morning
la **mano f** *hand*
mantenerse en forma *to keep fit*
la **manzana f** *apple*
el **maquillaje m** *makeup*
la **marea negra f** *oil slick*
mareado/a *sick, dizzy*
Estoy mareado/a *I feel dizzy*
el **marido m** *husband*

el **marisco m** *shellfish*
más *more*
más que *more than*
las **matemáticas f** *maths*
el **mecánico m**, **la mecánica f**
male/female mechanic
las **medias fpl** *tights*
el **médico m**, **la médico f**
male/female doctor
medio/a *half*
un medio kilo de *half a kilo of*
el **medio ambiente m** *environment*
menos *less*
al **menos** *at least*
mejor *better*
el mejor *the best*
mejorar(se) *to get better*
si no se mejora
if it doesn't get any better
el **mercado m** *market*
la **merluza f** *hake*
el **mes m** *month*
la **mesa f** *table*
poner la mesa *to lay the table*
quitar la mesa *to clear the table*
la **mesita de noche f** *bedside table*
el **metro m** *underground*
el **miedo m** *fear*
mientras *while*
la **Misa del Gallo f** *Midnight Mass*
moderno *modern*
el **mojo picón m**
spicy sauce from the Canary Islands
montar a caballo *to go horse riding*
el **montecado m** *typical Christmas sweet*
morir *to die*
mucho gusto *pleased to meet you*
la **muela f** *tooth*
la **muerte f** *death*
muerto/a *dead*
la **mujer f** *woman, wife*
el **mundo m** *world*
muy bien *very well*

N

nacer *to be born*
nada *nothing*
nadie *nobody*
la **naranja f** *orange*
la **nariz f** *nose*
la **naturaleza f** *nature*
la **Navidad f** *Christmas*
¡Feliz Navidad! *Happy Christmas!*
nevar *to snow*
la **niebla f** *fog*
la **noche f** *night*
La Nochebuena *Christmas Eve*
La Nochevieja *New Year's Eve*
normalmente *normally*
el **norte m** *north*
las **noticias fpl** *news programme*
la **novela f** *novel*
el **novio m**, **la novia f** *boy/girlfriend*
nunca *never*

O

odiar to hate
el oeste m west
el ojo m eye
olvidar to forget
la opinión f opinion
¿Cuál es tu opinión?
  What is your opinion?
el ordenador m computer
el ordenador portátil m laptop computer
organizado/a organised
la orilla f seashore
el oro m gold
oscuro/a dark
el otoño m autumn
otro other

P

el padrastro m stepfather
el padre m father
la paella f paella
el país m country
el pájaro m bird
la palomita f palm-shaped biscuit
la pampa f prairie
el pan m bread
la panadería f baker's
el paquete m packet
¿para qué? what for?
la parada f stop
la parcela f campsite plot
parecer to seem
  Me parece que... It seems to me that...
la pared f wall
el parque infantil m
  children's playground
la parrilla f barbecue
la parte f part
pasado last
pasar to happen
  pasarlo bien to have a good time
  ¡Lo pasé fatal! I had an awful time!
  ¡Lo pasé genial! I had a great time!
  ¿Qué le pasa? What's wrong?
  pasar la aspiradora to vacuum
  pasar tiempo to spend time
la pasta f pasta
la pasta de dientes f toothpaste
el pastel m cake
la pastilla f tablet, pill
la patata f potato
el pavo m turkey
peinarse to comb one's hair
pelearse to fight
la película f film
  película de acción action film
  película de aventuras adventure film
  película de ciencia ficción sci fi film
  película de dibujos animados
    animated film
  película de guerra war film
  película del oeste western
  película romántica romantic film
  película de suspense thriller
  película de terror horror film
el peligro m danger
el pelo m hair
pensar to think
  Pienso que... I think that...
peor worse/worst
pequeño/a small

la pera f pear
el periódico m newspaper
permitir to allow
el perrito caliente m hotdog
la persiana f blind
el personaje m character
la pesca f fishing
la pescadería f fishmonger's
el pescado m fish
picar to snack
el pie m foot
la pierna f leg
la pila f battery
el pimiento m pepper
la piscina f swimming pool
  piscina exterior outdoor pool
  piscina interior indoor pool
la pizza f pizza
el plan m plan
planchar to iron
plano flat
el plástico m plastic
el plato m dish, course
  el primer plato first course
  el segundo plato second/main course
  Mi plato preferido es...
    My favourite dish is...
la playa f beach
la pocilga f pigsty
un poco a little
poder to be able
  no se puede you can't
el policía m, la policía f
  policeman, woman
el polideportivo m sports centre
el pollo m chicken
la polución f pollution
el polvo m dust
  quitar el polvo to dust
la pomada muscular f muscle ointment
poner to put
ponerse to put on
por through, around
por eso because of that
¿por qué? why?
porque because
por tanto because of that
el póster m poster
el postre m dessert
practicar (ejercicio)
  to practise, do (exercise)
  practicar excursiones to go on trips
  practicar equitación to go horse riding
  practicar esquí náutico
    to go water-skiing
  practicar el golf to play golf
el precio m price
preferir to prefer
  ¿Qué prefieres? What do you prefer?
preguntar to ask
preocuparse to worry
preparar to prepare
presentar to introduce
la primavera f spring
primero/a first
el primo m, la prima f male/female cousin
el problema m problem
procedente de coming from
la procesión f procession
producir to produce
el producto lácteo m dairy product

la profesión f profession
el profesor m, la profesora f
  male/female teacher
el programa m programme
  el programa de cocina
    cookery programme
propio own
protestar to protest
próximo/a next
el psicólogo m, la psicóloga f
  male/female psychologist
público/a public
el pueblo m village, town
la puerta f door
el pupitre m desk

Q

quedarse to stay
querer to want
el quiosco m newsagent's
quitarse to take off

R

la radio f radio
rápido/a fast
de rayas striped
la receta f prescription
recetar to prescribe
  Le voy a recetar...
    I am going to prescribe you...
recibir to receive
reciclar to recycle
recomendar to recommend
  ¿Qué recomienda?
    What do you recommend?
recordarse de to remember
el recreo m break time
regalar to give (presents)
el regalo m present
regañar to tell off
la regla f rule
reír to laugh
relajado/a relaxed
el reloj m clock, watch
el remedio m remedy
la reseña f review
el resfriado m cold
  Tengo un resfriado I have a cold
los residuos químicos mpl
  chemical waste
el retraso m delay
la revista f magazine
Los Reyes m Epiphany
rico/a tasty
  riquísimo/a very tasty
el riesgo m risk
el río m river
el rodaje m filming
la rodilla f knee
un rollo m a pain, a bore
  ¡Fue un rollo! It was boring!
romántico/a romantic
romperse to break
la ropa f clothes
el rosco de reyes m Epiphany cake
el ruido m noise
ruidoso/a noisy

Vocabulario Español – Inglés

S

el **sábado pasado** m last Saturday
la **sábana** f sheet
la **sala de juegos** f games room
la **salchicha** f sausage
la **salida** f departure
salir to leave, go out
el **salmón** m salmon
la **salsa** f sauce
la **salud** f health
salvar to save
sano/a healthy
el **secador de pelo** m hairdryer
el **secretario** m, **la secretaria** f
  male/female secretary
segundo/a second
la **selva** f forest
la **semana** f week
  la semana próxima next week
sentirse to feel
  No me siento bien I don't feel well
separado/a separated
ser to be
la **serie** f series
la **silla** f chair
simpático/a nice
sin embargo however
situado/a situated
sobre on
sobre tobre above all
el **sol** m sun
el **soldado** m soldier
soltero/a unmarried
la **sombra** f shade
la **sopa de pescado** f fish soup
no **soporto...** I can't stand...
subir to go up, ascend
suelo coger el tren
  I usually catch the train
la **suerte** f luck
suficiente enough
el **supermercado** m supermarket
el **sur** m south

T

de tablas pleated
el **tamaño** m size
tan... como... as... as...
la **taquilla** f ticket office
la **tarde** f afternoon
  esta tarde this afternoon
  por la tarde in the afternoon
tarde late
la **tarea** f chore
el **taxi** m taxi
el **té** m tea
la **telenovela** f soap opera
la **televisión** f television
temprano early
tener to have
tengo calor I'm hot
tengo hambre I'm hungry
tengo miedo I'm frightened
el **tenis** m tennis
la **terraza** f terrace

el **tiempo** m time; weather
  ¿Qué tiempo hizo?
    What was the weather like?
  Hizo buen tiempo
    The weather was good
  Hizo calor It was hot
  Hizo frío It was cold
  Hizo mal tiempo The weather was bad
  Hizo sol It was sunny
  Hizo viento It was windy
la **tienda** f tent; shop
la **tienda de ropa** f clothes shop
tierno/a cute
tímido/a timid
el **tío** m, **la tía** f uncle, aunt
  los tíos uncle and aunt
típico/a typical
tirar to throw
la **tirita** f plaster
la **toalla** f towel
el **tocador** m dressing table
tomar to take
  tomar el sol to sunbathe
  tomar lugar to take place
el **tomate** m tomato
tonto/a silly
la **tormenta** f storm
la **tos** f cough
  Tengo tos I have a cough
trabajar to work
el **traductor** m, **la traductora** f
  male/female translator
el **traje** m dress, suit
  el traje de flamenco Flamenco dress
el **transporte** m transport
el **tranvía** m tram
tratarse de to be about
  se trata de... it's about...
el **tren** m train
triste sad
el **tubo** m tube
el **turrón** m typical Christmas sweet

U

último/a last
usar to use
útil useful
la **uva** f grape

V

de vacaciones on holiday
vale OK
el **vapor** m steam
los **vaqueros** mpl jeans
el **vaso** m glass
el **vecino** m, **la vecina** f
  male/female neighbour
la **venda** f bandage
la **ventana** f window
ver to see
el **verano** m summer
¿verdad? really?/isn't it?
verde claro light green
verde oscuro dark green
la **verdura** f green vegetables
la **vez** f time
  a veces sometimes
  dos veces al día twice a day
  de vez en cuando occasionally
  una vez once

el **vía** m (railway) track
viajar to travel
el **viajero** m, **la viajera** f
  male/female traveller
la **vida** f life
el **vidrio** m glass
el **viento** m wind
el **villancico** m carol
el **vino blanco** m white wine
el **vino tinto** m red wine
el **viudo** m, **la viuda** f widower, widow
volver to return

Z

la **zapatería** f shoe shop
las **zapatillas de deporte** fpl trainers
los **zapatos planos** mpl flat shoes
los **zapatos de tacón** mpl
  high heeled shoes
el **zumo de naranja** m orange juice

¡Así se hace! Using the glossary

Some words will need to be changed when you use them in a sentence, e.g.

● nouns: are they singular or plural?

Do you need the word for 'a' (*un* m, *una* f) instead of 'the' (*el* m, *la* f)?

● adjectives: masculine or feminine; singular or plural?

● verbs: check the grammar section for the endings you need.

A

a, an *un/una*
above all *sobre todo*
absent *ausente*
acid rain *la lluvia ácida* f
advert *el anuncio* m
aeroplane *el avión* m
affectionate *cariñoso/a*
afternoon *la tarde* f
afterwards *después*
against *en contra*
alarm clock *el despertador* m
to allow *permitir*
almost *casi*
also *también*
and *y*
anything: anything else? *¿algo más?*
to appear *aparecer*
apple *la manzana* f
appointment *la cita* f
April *abril*
architect *el arquitecto* m,
 la arquitecta f
arm *el brazo* m
around *alrededor de*
arrival *la llegada* f
artist *el artista* m, *la artista* f
as... as... *tan... como...*
to ask *preguntar*
athletics *el atletismo* m
atmosphere *el ambiente* m
August *agosto*
author *el autor* m, *la autora* f
autumn *el otoño* m

B

back *la espalda* f
badge *el escudo* m
baker's *la panadería* f
balanced *equilibrado/a*
bandage *la venda* f
barbecue *la barbacoa* f; *la parrilla* f
basketball *el baloncesto* m
battery *la pila* f
bay *la bahía* f
to be *ser; estar*
because *porque*
before *antes*
to begin *empezar*

behaviour *el comportamiento* m
better *mejor*
between *entre*
big *grande*
Biology *la biología* f
birthday *el cumpleaños* m
 When is your birthday?
 ¿Cuándo es tu cumpleaños?
 My birthday is on 15th June.
 Mi cumpleaños es el quince de junio.
black *negro/a*
(black)board *la pizarra* f
blind *la persiana* f
blue *azul*
 dark blue *azul marino*
 light blue *azul celeste*
boat *el barco* m
bonfire *la hoguera* f
book *el libro* m
bookcase *la librería* f
boring *aburrido/a*
bottle *la botella* f
box *la caja* f
boy *el chico* m
boyfriend *el novio* m
to break *romperse*
break time *el recreo* m
breakfast *el desayuno* m
 I have breakfast *desayuno*
 What do you have for breakfast?
 ¿Qué desayunas?
brother *el hermano* m
brown *marrón*
butcher's *la carnicería* f
to buy *comprar*

C

camera *la cámara* f
can *la lata* f
cap *la gorra* f
car *el coche* m
cardboard *el cartón* m
carol *el villancico* m
to carry *llevar*
cat *el gato* m
channel (TV) *el canal* m
cheap *barato/a*
chemist's *la farmacia* f
chewing gum *el chicle* m

childish *infantil*
chore *la tarea* f
Christmas tree *el árbol de Navidad* m
cinema *el cine* m
class, lesson *la clase* f
classroom *el aula* f
to clean *limpiar*
clock *el reloj* m
clothes *la ropa* f
coach *el autocar* m
cold *frío/a*
 it is cold *hace frío*
 to have a cold *tener un resfriado*
to comb one's hair *peinarse*
comedy *la comedia* f
computer *el ordenador* m
to consist of *consistir en*
to cost *costar*
cotton *el algodón* m
cough *la tos* f
cough medicine *el jarabe* m
country *el país* m
course *el plato* m
to cry *llorar*
curtain *la cortina* f

D

to dance *bailar*
danger *el peligro* m
day *el día* m
death *la muerte* f
December *diciembre*
delay *el retraso* m
dentist *el dentista* m, *la dentista* f
department store *los grandes*
 almacenes mpl
desk *el pupitre* m
dessert *el postre*
to die *morir*
diet *la dieta* f
difficult *difícil*
dinner *la cena* f
dish *el plato* m
disorganised *desorganizado/a*
divorced *divorciado/a*
dizzy *mareado/a*
to do *hacer*
 What do you do? *¿Qué haces?*
doctor *el médico* m, *la médico* f

Vocabulario Español – Inglés

documentary *el documental* m
dog *el perro* m
dozen *la docena* f
dress *el traje* m
dressing table *el tocador* m
drink *la bebida* f
to drink *beber*
to dust *quitar el polvo*

E

early *temprano*
easy *fácil*
to eat *comer*
at the end *al final*
engineer *el ingeniero* m, *la ingeniera* f
to enjoy *disfrutar*
entertaining *entretenido/a*
environment *el medio ambiente* m
essential *esencial*
every *todo/a*
    every day *todos los días*
excuse me *perdón*
exercise book *el cuaderno* m
to expel *expulsar*
expensive *caro/a*
eye drops *unas gotas para los ojos* fpl

F

factory *la fábrica* f
fair *la feria* f
fair *justo/a*
fancy: do you fancy *¿te apetece?*
far from *lejos de*
farm *la estancia* f
fast food *la comida rápida* f
fat *gordo/a*
father *el padre* m
February *febrero*
to feel *sentirse*
festivity *la fiesta* f
to fight *pelearse*
film *la película* f
firework *el fuego artificial* m
fishmonger's *la pescadería* f
flu *el gripe* m
fog *la niebla* f
foot *el pie* m
football *el fútbol* m
    to play football *jugar al fútbol*
for, in order to *para*
forest *la selva* f
to forget *olvidar*
fortnight *quince días*
friend *el amigo* m, *la amiga* f
to be frightened *tener miedo*
in front of... *delante de...*
fun *divertido/a*

G

games room *la sala de juegos* f
garlic *el ajo* m
to get on *entenderse*
to get up *levantarse*

girl *la chica* f
girlfriend *la novia* f
to give *dar*
glass *el vidrio* m
to go *ir*
    to go climbing *hacer alpinismo*
    to go horse riding
      hacer equitación, *montar a caballo*
    to go on trips *hacer excursiones*
    to go shopping *ir de compras*
    to go (water-)skiing
      hacer esquí (náutico/acuático)
    to go up *subir*
gold *el oro* m
good *bien*
    I'm (not) good at...
      (no) se me da(n) bien...
Good afternoon *Buenas tardes*
Good morning *Buenos días*
good-looking *guapo/a*
to say goodbye *despedirse*
grape *la uva* f
great! *¡genial!*
green *verde*
green beans *las judías verdes* fpl
grey *gris*

H

hairdryer *el secador de pelo* m
half *medio/a*
hand *la mano* f
to happen *pasar*
    What's happening? *¿Qué pasa?*
to have *tener*
to have just *acabarse de*
to have *to deber*
he/it *él*
head *la cabeza* f; *el jefe* m
health *la salud* f
healthy *sano/a*
heart *el corazón* m
heat *el calor* m
heating *la calefacción* f
hello *¡hola!*
to help *ayudar*
here *aquí*
    here you are *aquí tiene*
to hire *alquilar*
his/her *su/sus*
holidays *las vacaciones* fpl
homework *los deberes* mpl
    to do homework *hacer los deberes*
to hope *esperar*
hot: I'm hot *tengo calor*
    it is hot *hace calor*
house *la casa* f
    at my house *en mi casa*
how? *¿cómo?, ¿qué?*
    How are you? *¿Qué tal?*
how many? *¿cuántos?*
    How old are you?
      ¿Cuántos años tienes?

how much? *¿cuánto?*
    how much is it? *¿cuánto es?*
however *sin embargo*
hungry: I'm hungry *tengo hambre*
to hurt *doler*
husband *el marido* m

I

I *yo*
to be icy *helar*
image *la imagen* f
in *en*
inside *dentro de*
intelligent *inteligente*
to introduce *presentar*
to iron *planchar*

J

January *enero*
jar *el bote* m
jeans *los vaqueros* mpl
journey *el viaje* m
July *julio*
June *junio*

K

knee *la rodilla* f
know: I don't know *No sé*
    to get to know *conocer*

L

lamb *el cordero* m
language *el idioma* m
laptop *el portátil* m
large *grande*
last *último/a*
last year *el año pasado* m
late *tarde*
to laugh *reír*
leader *el jefe* m
least: at least *al menos*
to leave *salir; dejar*
left: on the left *a la izquierda*
leg *la pierna* f
lemon *el limón* m
less *menos*
to let *dejar*
lettuce *la lechuga* f
life *la vida* f
light *la luz* f
to light *encender*
like: I like *me gusta(n)*
a little *un poco*
to live *vivir*
loaf *la barra* f
to look after *cuidar*
to look at, to watch *mirar*
a lot *mucho/a*
love: I love *me encanta(n)*
luck *la suerte* f
lunch *el almuerzo* m

M

to make **hacer**
makeup *el maquillaje* m
manager *el director* m, *la directora* f
March **marzo**
market *el mercado* m
married **casado/a**
May **mayo**
meal *la comida* f
mechanic *el mecánico* m, *la mecánica* f
to meet **conocer**
    Where shall we meet?
    ¿Dónde nos encontramos?
mirror *el espejo* m
mixed salad *la ensalada mixta* f
(on) Monday *el lunes* m
money *el dinero* m
month *el mes* m
more **más**
morning *la mañana* f
    in the morning **por la mañana**
mother *la madre* f
my **mi/mis**

N

name: What is your name?
¿Cómo te llamas?
nature *la naturaleza* f
near to **cerca de**
it is necessary to **hay que**
I need **me hace falta**
neighbour *el vecino* m, *la vecina* f
never **nunca**
news (programme) *las noticias* fpl
newsagent's *el quiosco* m
newspaper *el periódico* m
next **próximo/a**
next to **al lado de**
nice **simpático/a**
night *la noche* f
no, not **no**
nobody **nadie**
noise *el ruido* m
nose *la nariz* f
nothing **nada**
novel *la novela* f
November **noviembre**
now **ahora**
number *el número* m
nurse *el enfermero* m, *la enfermera* f

O

October **octubre**
offence *la falta* f
ointment *la pomada* f
OK **vale**, **de acuerdo/a**
old-fashioned **anticuado/a**
on **sobre**
once **una vez**
onion *la cebolla* f
or **o**
orange juice *el zumo de naranja* m

organised **organizado/a**
out of doors **al aire libre**
outside **fuera**
outskirts *las afueras* fpl

P

packet *el paquete* m
pain *el dolor* m
pain: What a pain! **¡Qué rollo!**
pear *la pera* f
pen *la pluma* f
pencil *el lápiz* m
people *la gente* f
pepper *el pimiento* m
pill *la pastilla* f
pillow *la almohada* f
place *el lugar* m
plaster *la tirita* f
plastic *el plástico* m
platform *el andén* m
to play **jugar**
pleased to meet you
    encantado/a; mucho gusto
plot *el argumento* m
policeman *el policía* m
policewoman *la policía* f
polite **cortés/cortesa**
pollution *la polución* f
poster *el cartel* m; *el póster* m
to practise **practicar**
prawn *la gamba* f
to prescribe **recetar**
present *el regalo* m
pretty **bonito/a**
price *el precio* m
procession *la procesión* f
to produce **producir**
programme *el programa* m
pupil *el alumno* m, *la alumna* f
to put **poner**

Q

quite **bastante**
quiz show *el concurso* m

R

radio *la radio* f
railway *el ferrocarril* m
to rain **llover**
reading *la lectura* f
really? **¿verdad?**
to recommend **recomendar**
to recycle **reciclar**
red **rojo/a**
relaxed **relajado/a**
to remember **recordarse de**
to rest **descansar**
retired **jubilado/a**
to return **volver**
rice pudding *el arroz con leche* m
right: on the right **a la derecha**
roast **asado/a**
ring *el anillo* m

river *el río* m
road *la carretera* f
rubbish *la basura* f

S

sad **triste**
salmon *el salmón* m
sandwich *el bocadillo* m
sauce *la salsa* f
sausage *la salchicha* f
to save **salvar**
school *el colegio* m
scientist *el científico* m, *la científica* f
secretary *el secretario* m, *la secretaria* f
to see **ver**
separated **separado/a**
September **septiembre**
series *la serie* f
serious **grave**
shade *la sombra* f
shampoo *el champú* m
she/it **ella**
sheet *la sábana* f
shelf *el estante* m
shellfish *el marisco* m
shoe *el zapato* m
shoe shop *la zapatería* f
shop assistant
    el dependiente m, *la dependienta* f
short **bajo/a, corto/a**
to have a shower **ducharse**
sick **mareado/a**
silly **tonto/a**
sister *la hermana* f
situated **situado/a**
size *el tamaño* m
to sleep **dormir**
slow **lento/a**
small **pequeño/a**
smoke *el humo* m
to snack **picar**
to snow **nevar**
soap *el jabón* m
soap opera *la telenovela* f
soldier *el soldado* m
some **unos/unas**
something **algo**
sometimes **a veces**
soup *la sopa* f
Spanish *el español* m
    español/española
to speak **hablar**
    I speak English, French and Italian
    Hablo inglés, francés e italiano
to spend **gastar**
spring *la primavera* f
star *la estrella* f
to stay **alojarse; quedarse**
steak *el bistec* m
steam *el vapor* m
step/half brother *el hermanastro* m
step/half sister *la hermanastra* f

Vocabulario Español – Inglés

stomach *el estómago* m
stop *la parada* f
story *la historia* f
street *la calle* f
stressed *estresado/a*
strict *estricto/a*
student
 el estudiante m, *la estudiante* f
to study *estudiar*
(school) subjects *las asignaturas* fpl
sugar cane *la caña de azúcar* f
suit *el traje* m
summer *el verano* m
to sunbathe *tomar el sol*
sunglasses *las gafas de sol* fpl
sunstroke *la insolación* f
supermarket *el supermercado* m
sweet *el dulce* m
swimming pool *la piscina* f
to switch off *apagar*

T
table: bedside table
 la mesita de noche f
  to clear the table *quitar la mesa*
  to lay the table *poner la mesa*
tablet *la pastilla* f
to take *tomar*
to take *off quitarse*
tall *alto/a*
teacher *el profesor* m, *la profesora* f
television *la televisión* f
  to watch TV *ver la tele*
temperature *la fiebre* f
tent *la tienda* f
then *entonces*
there is, there are *hay*
thin *delgado/a*
thing *la cosa* f
to think *pensar*
throat *la garganta* f
through/by *por*
to throw *tirar*
Thursday *el jueves* m
ticket *el billete* m
  return *un billete de ida y vuelta* m
  single *un billete sencillo* m
ticket office *la taquilla* f
to tidy *arreglar*
tie *la corbata* f
time: At what time? *¿A qué hora?*
time: to have a good time *pasarlo bien*
timetable *el horario* m
tin *la lata* f
toilet *el baño* m, *el aseo* m
tomato *el tomate* m
tomorrow *mañana*
too (much) *demasiado*
tooth *la muela* f
toothpaste *la pasta de dientes* f
towel *la toalla* f
town *la ciudad* f; *el pueblo* m

trainers *las zapatillas de deporte* fpl
tram *el tranvía* m
to travel *viajar*
traveller *el viajero* m, *la viajera* f
tube *el tubo* m
Tuesday *el martes* m
turkey *el pavo* m
twice *dos veces*

U
unbearable *insoportable*
under *debajo de*
underground *el metro* m
understand: I don't understand
 No comprendo
understanding *comprensivo/a*
unmarried *soltero/a*
unpleasant *antipático/a*
until *hasta*
to use *usar*
usually: I usually walk *suelo ir a pie*

V
V-neck jumper *el jersey de pico* m
to vacuum *pasar la aspiradora*
vegetable *el legumbre* m
very *muy*
village *la aldea* f

W
to wait *esperar*
walk: to go for a walk *dar una vuelta*
wall *la pared* f
to want *querer*
  Do you want to go to the cinema?
   ¿Quieres ir al cine?
war *la guerra* f
to wash up *fregar los platos*
watch *el reloj* m
to wear *llevar*
weather *el tiempo* m
  What's the weather like?
   ¿Qué tiempo hace?
Wednesday *el miércoles* m
week *la semana* f
weekend *el fin de semana* m
whale *la ballena* f
what? *¿qué?, ¿cómo?*
what for? *¿para qué?*
when? *¿cuándo?*
where? *¿dónde?*
  Where to? *¿Adónde?*
which? *¿cuál?*
while *mientras*
white *blanco/a*
who? *¿quién?*
why? *¿por qué?*
wide *ancho/a*
widow *la viuda* f
widower *el viudo* m
wife *la mujer* f
to win *ganar*

wine *el vino* m
winter *el invierno* m
witch *la bruja* f
with *con*
wizard *el brujo* m
woman *la mujer* f
world *el mundo* m
to work *trabajar*
worse *peor*
writer *el escritor* m, *la escritora* f
wrong: What's wrong? *¿Qué le pasa?*

Y
year *el año* m
I am 12 years old *tengo doce años*
yellow *amarillo/a*
yes *sí*
yesterday *ayer*
you *tú, usted*
your *tu/tus*

Common instructions in ¡Así!

Phrases

Busca las palabras en el texto	*Find the words in the text*
Cambia las palabras	*Change the words*
Contesta al correo electrónico/a las preguntas	*Respond to the email/questions*
Contesta a la carta	*Respond to the letter*
Copia y rellena	*Copy and fill in*
Corrige las frases mentirosas	*Correct the false sentences*
¿Cuántas frases puedes escribir en 5 minutos?	*How many sentences can you write in 5 minutes?*
Elige/Escoge la respuesta correcta	*Choose the correct answer*
Empareja las descripciones y los dibujos	*Pair up the descriptions and the pictures*
Entrevista a tu pareja	*Interview your partner*
Escribe el número (correcto)/la letra (correcta)	*Write the (correct) number/letter*
Escribe en inglés/español	*Write in English/Spanish*
Escribe una lista	*Write a list*
Escucha y lee	*Listen and read*
Escucha otra vez	*Listen again*
Habla con tu pareja	*Speak with your partner*
Haz diálogos con tu pareja	*Carry out conversations with your partner*
Haz preguntas a tu pareja	*Ask your partner questions*
Haz una encuesta en tu clase	*Carry out/do a survey in your class*
Lee las conversaciones/descripciones/frases	*Read the conversations/descriptions/sentences*
Lee las frases a tu pareja	*Read the sentences to your partner*
Mira el mapa/plano/texto/los dibujos	*Look at the map/plan/text/pictures*
Pon ... en orden/en el orden correcto	*Put ... in order/in the correct order*
¿Quién habla?	*Who is talking?*
Practica los diálogos con tu pareja	*Practise the dialogues with your partner*
¿Qué significa la palabra ...?	*What does the word... mean?*
Rellena el cuadro/los blancos/los espacios	*Fill in the table/blanks/spaces*
Trabaja con tu pareja	*Work with your partner*
Une las frases (con los dibujos)	*Match the sentences (with the pictures)*
Une las preguntas y las respuestas	*Match the questions and answers*
Usa ... del cuadro	*Use ... from the box*
Verdad o mentira	*True or false*

Single words

Adivina	*Guess*	juego	*game*
Añade	*Add*	mencionado/a	*mentioned*
Apunta	*Note*	Repite	*Repeat*
cada	*each*	según	*according to*
con	*with*	sin	*without*
Di	*Say*	sobre (ti)	*about (you)*
Dibuja	*Draw*	sondeo	*survey*
Diseña	*Design*	Traduce	*Translate*
		¿Y tú?	*And you?*

Acknowledgements

The authors and publisher would like to thank the following people, without whose support they could not have created *¡Así! 2*:

Ian Blair and Carlos Diaz for their detailed advice throughout the writing. Michelle Armstrong for editing the materials.

Models shot by Martin Sookias courtesy of d'Overbroecks School, Oxford: Hua Stephanie, Ornela Hodaj, Edward Clotet, Sam King, Andy Styles, Erlind Hodaj, Michael Koechlin and Peter Warme.

Recorded by Nordqvist Productions España SL, Alicante in Spain with Chema Bazán, David Garzón, Vanessa Reyes, Inés Iborra, Andres Jesús Gil, María Santos, Lorena Martín, Omar Sanchos, Ángela Díaz, Diego Ramos, Mariana Ramos, Juan Penalva, Bielka A. Villagómez, Timothy P. Curtis, Clara Suñer.

Photo credits

Front cover photograph: Spanish Horse Riding School, Jerez, Spain by Carl Pederson/Alamy;

David Simson/B-6940 Septon (DASPHOTOGB@aol.com) pp6 (A, C, 1, 2, 4), 8, 11 (A, C, E), 30, 43, (except 2), 51 (1, 2), 55 (3, 4, 5), 64, 65 (1), 68 (B, F), 69 (1A, 2A), 70, 76 (1), 77 (b/g), 83 (1), 84, 89, 94, 123, 126 (C), 129; Martyn Chillmaid pp35 (2), 123 (bottom); Martin Sookias pp6 (3), 14, 55 (2), 83 (2), 98 (A-J); CORBIS. Images.com pp33 and 47, Arvind Garg p41, Kristi J.Black p69 (1), Vittoriano Rastelli p69 (2), Inge Yspeert p72, Tim Graham p6 (E), Colin Garratt; Milepost 92 _ p77 (1), Andres Stapff/Reuters p90, Jose Fuste Raga p94 (1), Zuma p94 (2), Claudio Edinger p104 (B), (RF) p104 (C), Denis Scott p107, Tom Stewart p6 (B), Richard Clune p26 (2), Karl Weatherly p6 (D), Owen Franklen p25, Torleif Svensson p12 (2), Michelle Chaplow p12 (3), Bettmann p74 (D); TOPFOTO.CO.UK, The Image Works Rob Crandall/The Image works/Topfoto p55 (1), David Frazier/The Image works/Topfoto p55 (6), Jeff Greenberg/The Image works/Topfoto p3 (bottom), Bob Daemmrich/The Image works/Topfoto p32; ALAMY, Dynamic Graphics Group/Creatas p11 (B), ImageState p26, Jacky Chapman/Janine Wiedel p52, Visual Arts Library p74 (E), Brian Seed p74 (B), TNT Magazine p87, Oliver Bee p105 (D), Malcolm Freeman p105 (G), Doifel Videla p110, Janine Wiedel Photolibrary.p115 (1); EMPICS p104 (A); World pictures p3 (Guggenheim museum); BUBBLES Photo Library, Loisjoy Thurstun p99; Spanish National Tourist Office p 130; Elizabeth Murphy p40; Travel-shotspictures p68 (1); Michael Calvert pp68 (A, C, D, E), 76 (2), 126 (except C); John Birdsall Social Issues Photo Library p11 (F); akg-images London p82 (all); Ronald Grant Archive p80; Bilderbox.com p102, 110 (1); Stock image/Pixland p116.

Photodisk 31 (NT) p105 (F); Photodisk 60B (NT) p132; Photodisk 67 (NT) pp20 and 115; Photodisk 71 (NT), p6 (5); Photodisk 79 (NT) p11 (D); Photodisk 83 (NT) p65 (b/g); Tom LeGoff/Digital Vision HU (NT) p43 (2); Digital Vision TT (NT) p48; Digital Vision 7 (NT) p105 (E); Corel 185 (NT) p41 (b/g); Corel 377 (NT) p59 (b/g); Corel 540 (NT) p23 (1); Corel 562 (NT) p95 (b/g); Corel 786 (NT) p23 (b/g); Corel 799 (NT) p95 (1); Corel 411 (NT) p74 (c); Corel 564 (NT) p74 (a); Corel 596 (NT) p79; Image 100 EE (NT) p51 (3); Ditta U. Krebs/Fotostock Mallorca/Photographers Direct p12 (1); Tomeu Ozonas/Photographers Direct p35 (1).

Every effort has been made to trace all copyright holders, but where this has not been possible the publisher will be pleased to make the necessary arrangements at the first opportunity.